Unsere Kinder sollen laufen lernen

gewidmet
Dr. David Wasserstein
25.07.1947 – 21.05.1994

Danksagung

Die Herausgabe dieses Buches wurde durch großzügige Spenden ermöglicht. Insbesondere danken wir:

Jehoshua und Hanna Bubis-Stiftung

Deutsche Grundbesitz-Investmentgesellschaft mbH, Frankfurt am Main, eine Tochtergesellschaft der Deutschen Bank AG

Alexander Tesler

Léon W. Topf

KinderWelten

ein jüdisches Lesebuch

Herausgegeben von
Alexa Brum, Rachel Heuberger, Manfred Levy,
Noemi Staszewski und Dodie Volkersen
Illustrationen von Ami Blumenthal

VERLAG ROMAN KOVAR

Die Deutsche Bibliothek – CIP-Einheitsaufnahme

KinderWelten : ein jüdisches Lesebuch / hrsg. von Alexa
Brum ... Ill. von Ami Blumenthal. – 1. Aufl. – Eichenau :
Kovar, 1996
  ISBN 3–925845–70–4
NE: Brum, Alexa [Hrsg.]; Blumenthal, Ami [Ill]

© by Roman Kovar Verlag, 82223 Eichenau
1. Auflage 1996. Alle Rechte vorbehalten. Kein Teil des
Werkes darf in irgendeiner Form ohne schriftliche
Genehmigung des Verlages reproduziert oder unter
Verwendung elektronischer Systeme verarbeitet, verviel-
fältigt oder verbreitet werden.
Illustrationen und Umschlagsmotiv: Ami Blumenthal
Umschlaggestaltung und Layout: Manfred Adams
Auslieferung: Verlag Kovar, Gernstr.55a, 82223 Eichenau
Druck und Bindung: Peschke Druck, München

ISBN 3–925845–70–4

Vorwort

Liebe Kinder,

wenn Ihr diese Zeilen lest, haltet Ihr ein ganz besonderes Buch in den Händen. Es ist nach fast 60 Jahren das
erste jüdische Lesebuch für Kinder in Deutschland. Das
letzte wurde 1938 noch in Deutschland gedruckt aber
nie benutzt. Bis auf wenige Exemplare wurde es von den
Nazis vernichtet. Heute gibt es wieder jüdische Kinder in
Deutschland, aber sie haben keine Geschichten mehr.
Was sie denken und fühlen, was sie fröhlich oder traurig
macht, darüber wurde seitdem fast nichts geschrieben.

In Lesebuchtexten (kurzen Geschichten, Ausschnitten
aus Erzählungen, Gedichten usw.) wird über das, was
Kinder bewegt, erzählt. Aber in den gängigen Lesebü-
chern in Deutschland finden jüdische Kinder sich nicht
wieder. Sie feiern andere Feste, haben andere Familien-
geschichten und leben in anderen Traditionen. Auch ihre
Legenden stammen aus einer anderen Welt. Es ist deshalb notwendig, diese Welt wieder in einer Form lebendig
zu machen, die der jüdischen Tradition entspricht: der
Form des Buches.

Im Februar 1992 wurde innerhalb des Pädagogischen Zentrums der Zentralwohlfahrtsstelle der Juden in Deutschland (ZWST) eine Kommission gebildet mit dem Auftrag, ein Lesebuch für den Unterricht an den jüdischen Grundschulen in Deutschland zu entwickeln. Aus dieser Kommission entstand die Gruppe der Herausgeber. Von Anfang an dabei war David Wasserstein, der 1994 kurz vor seinem 47. Geburtstag verstarb. Ihm ist dieses Buch gewidmet.

Es hat ziemlich lange gedauert, bis die Herausgeber genügend Texte zusammengetragen hatten, um daraus ein für Euch spannendes und interessantes Lesebuch zusammenzustellen. Zunächst suchten sie in Archiven und Bibliotheken nach Geschichten und Legenden. Aber die Sprache der alten Texte ist für heutige Kinder nicht mehr verständlich, die pädagogischen Absichten sind nicht mehr zeitgemäß. Zeitgenössische jüdische Kindergeschichten wurden in Deutschland in den letzten 50 Jahren kaum geschrieben. Deshalb wurden alte Geschichten umgeschrieben und wo es nötig war, haben die Herausgeber neue Texte verfaßt.

Das Pädagogische Zentrum der ZWST veranstaltete im Sommer 1993 einen Schreibwettbewerb, an dem sich viele jüdische Kinder und Jugendliche beteiligten. Einige der damals prämierten Geschichten und Gedichte findet Ihr ebenfalls in diesem Buch. Illustriert hat es Ami

Blumenthal, ein in Israel geborener Künstler, der heute in Frankfurt lebt.

Damit möglichst viele – auch nichtjüdische – Kinder dieses Buch lesen und verstehen können, findet Ihr am Schluß ein ausführliches Glossar (Wörterverzeichnis mit Erklärungen). Die im Buch abgedruckten Texte können helfen, jüdisches Leben und jüdische Kultur kennen- und verstehenzulernen. Nur so lassen sich Vorurteile abbauen und ein friedliches Zusammenleben gestalten. Ich wünsche mir, daß das vorliegende Buch nicht nur in vielen Schulen in Deutschland gelesen wird.

Ignatz Bubis

Inhaltsverzeichnis

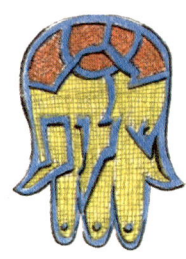

Kapitel I

FREUNDSCHAFT

Mandy's Story

Hi, ich heiße Mandy Klein. Ich bin 10 Jahre alt und habe noch zwei ältere Brüder, Max ist 17 und Mike ist 22. Manchmal sind die beiden ganz nett, aber sie können auch gemein sein. Mike zum Beispiel, er hat letztes Jahr geheiratet. Er bekam inzwischen auch ein Kind. Es heißt Nadja. Seitdem nennt er mich nicht Mandy sondern »Tante M«. Seine Frau, Sylvia, erwartet jetzt das zweite Kind. Dieses Mal wird es ein Junge, Benjamin soll er heißen, weil er der jüngste in der Familie ist. Den Namen Benjamin durfte ich mir aussuchen.

Wir leben auf einem Bauernhof, wo wir Kühe, Schweine, Kaninchen, Pferde, Katzen, Hunde und Hühner halten. Meine Mutter arbeitet am freien Nachmittag als Nachhilfelehrerin für Deutsch. Mein Vater ist Reitlehrer. Wir haben 38 Pferde im Stall. Ich weiß nicht, was ich lieber täte als reiten. Ich habe selber ein Pferd, die Wella.

Na ja, wir hatten drei Wochen Ferien, jetzt sind sie vorbei. Wir haben eine neue Mitschülerin, Rachel Esther Rebecca Simon. Wir nennen sie Rachel. Den Namen habe ich noch nie gehört, klingt aber schön.

Rachel kommt aus Haifa, das liegt in Israel. Sie kann nur ein bißchen Deutsch. Rachel spricht mit ihren Eltern Hebräisch. Rachels Familie hat uns zum nächsten Freitag eingeladen, zum Schabbat. So etwas habe ich noch nie erlebt.

Rachels Mutter stellte zwei Kerzen auf den Tisch, zwei Brote und bedeckte sie mit einem Tuch. Dann holte sie einen silbernen Becher und schenkte Wein ein. Rachel stand auf und zündete die Kerzen an. Dann bedeckte sie ihre Augen und fing an zu beten. Später stand David, Rachels kleiner Bruder, auf, nahm ein Messer in die Hand und betete, dann schnitt er etwas vom Brot ab und gab jedem ein Stück. Nun stand der Vater Abraham auf, nahm den silbernen Becher in die Hand und betete. Er trank einen Schluck und gab den Becher rum. Als wir wieder gehen wollten bot mir Rachel an, bei ihr zu übernachten, doch meine Eltern erlaubten es nicht. Rachel konnte gerne bei uns schlafen. Also kam sie mit zu uns. Rachel gefiel unser Bauernhof sehr, sie konnte gut mit Tieren umgehen. Als wir in die Betten gingen sagte sie noch »Gute Nacht«, dann schliefen wir ein.

Am nächsten Morgen gingen wir in die Schule. Frau Krause, unsere Deutsch-Lehrerin, fragte Rachel, ob sie versuchen will zu lesen. Rachel wollte es probieren, doch als sie *Sommerschuhe in Größe 38* lesen mußte, las sie *Sommersprossen in Größe 38*. Die ganze Klasse lachte und Rachel weinte. Ich ging zu ihr und sagte ihr, wenn sie möchte kann meine Mutter ihr Nachhilfeunterricht geben. Rachel bedankte sich und kam tatsächlich jeden Tag...

Es sieht so aus, als wenn Mandy und Rachel richtige Freundinnen werden könnten.

Überlegt euch eine Fortsetzung für diese Geschichte. Rachel schreibt ihrer besten Freundin in Israel über die erste Zeit in Deutschland. Überlegt für sie mit, was sie erzählen könnte.

Erkundigt euch bei Kindern aus eurer Klasse oder aus der Schule, ob sie von ähnlichen Erlebnissen erzählen können.

*Das kann man auch als richtiges **Interview** machen! Das geht dann so:*

***Vorbereitung**: Überlegt euch vorher genau, was ihr fragen wollt! Schreibt euch diese Fragen auf. Überlegt, welche Kinder interviewt werden sollen. Macht mit ihnen einen Termin aus.*

***Durchführung:** Eine/r stellt die Fragen, ein anderer schreibt die Antworten genau auf. Oder: Ihr macht das ganze Interview mit einem Cassetten-Recorder.*

***Auswertung:** Vergleicht die Antworten, die ihr erhalten habt, mit Mandy's Story.*

Hallo Sarah! Hier ist Salah.

Salah stammt aus Algerien und lebt nun in Frankreich. Kurz vor dem Umzug in eine neue Pariser Wohnung sitzt er allein vor dem Telefon und langweilt sich. Er entdeckt das Telefonbuch und beginnt fasziniert, die vielen fremd klingenden Namen zu lesen. Er würde so gerne einen Freund haben wie andere Kinder auch. Ob er den im Telefonbuch finden kann?

von Susie Morgenstern

...Nachdenklich saß er einen Augenblick da, während ihm das Bild von Kindern vor seiner Schule durch den Kopf ging. Er war immer gern mit andern zusammen, aber es war ihm nie gelungen, sich einen eigenen Freund zu pflücken wie eine Blume oder einer Clique von Freunden anzugehören, die zusammen spielten, im Unterricht Quatsch machten und Banden bildeten. Er mochte seine Klassenkameraden, und er hätte ein Drittel seines lockigen Haars hergegeben, um Mitglied der Fußballmannschaft zu werden oder um mit jemandem seine Hausaufgaben zu machen. Es war einfach ein Rätsel: Immer brachte er ein Pausenbrot von zu Hause mit, um es mit den andern zu teilen, aber sie nahmen es, sagten Danke und ließen ihn dann stehen. Auf diese Weise begriff er, daß man sich einen Freund nicht so leicht angeln konnte wie einen Fisch. Er dachte einfach, alle Freunde seien bereits vergeben, und er sei zu spät aus seiner Heimat Algerien nach Frankreich gekommen.

Land in Nordafrika

Wenn ihm doch nur dieses Telefon eine Antwort geben könnte ... Er wählte die Nummer der Telefonseelsorge. Es klingelte genauso wie am Boulevard Jean Cea 63. Er wartete fünf lange Minuten: So gern hätte er eine freundliche Stimme gehört!

sprich: Bulwar = große Straße

Er blickte auf den Besen, den Eimer und die Putzmittel und erinnerte sich wieder an seine Aufgabe.

Seine Mutter hielt ihm oft vor, seine Brüder und Schwestern seien seine besten Freunde. Doch er glaubte, daß

sie sich da ein bißchen täuschte. Man brauchte ja nur zu sehen, wie oft sie jeden Tag miteinander rauften. Er wußte nicht, ob Freunde miteinander stritten. Da sie schon seine Geschwister waren, konnten sie jedenfalls nicht auch noch seine Kameraden sein. Und außerdem war das zu einfach. Er wollte jemanden außerhalb seiner Familie kennenlernen. Seine Familie mußte er ja gern haben, so, wie sie war. Das war doch selbstverständlich.

Trotz Besen und Eimer mußte er noch eine Nummer probieren: Rue Couvreu, eine Straße ganz in seiner Nähe.

sprich: Rü Kuwrö,

Diesmal antwortete eine junge Stimme: »Hallo ...«

Von dunkler Panik ergriffen stammelte Salah: »Hier ist Salah.«

»Salah? Das ist komisch, ich heiße Sarah, klingt fast genauso wie Salah. Ist das ein Jungen- oder ein Mädchenname?«

Seine dunkle Panik schlug um in helle Wut: »Ich bin ein Junge, was denn sonst!«

»Mit wem möchtest du sprechen?«

»Ich würde gern ein bißchen mit dir reden«, sagte Salah.

»Aber ich kenne keinen Salah. Ich hab noch nie von dir gehört. Ich wußte nicht mal, daß es so einen Namen gibt.«

Man muß also telefonieren, damit es einen überhaupt gibt, dachte Salah.

»Ich würde dir gern ein paar Fragen stellen, Sarah.«

18

»Ist das eine Umfrage fürs Fernsehen? Wie hast du meine Nummer rausgekriegt? Warum gerade ich?« fragte Sarah mißtrauisch.

»Ich hab dich unter M gefunden. Ich probierte gerade die Namen im Telefonbuch aus, ob sie zu mir paßten. Und da hab ich Lust bekommen, mit jemand zu reden. Das ist das erste Mal, daß ich telefoniere.«

»Das erste Mal! Kommst du etwa vom Mars oder so?«

»Wir ziehen gerade um, und in der andern Wohnung gab es kein Telefon«, erklärte Salah.

»Wie alt bist du?«

»Zwölf. Und du?«

»Zehn. Gehst du in die vierte, oder in die fünfte?«

Salah wollte zuerst lügen, aber er brachte es nicht fertig.

»In die vierte ... Ich bin etwas später eingeschult worden ... aber ich bin kein schlechter Schüler. Und du?«

»Auch in die vierte. Das ist komisch, daß wir beide in die vierte gehen und unsere beiden Namen mit S und A anfangen, und mit einem Freudenseufzer aufhören.«

»AH ... S-A-L-A-H.«

»Meiner auch, AH ... S-A-R-A-H.«

»Und komisch ist auch, daß ich unter all den Namen mit M gerade auf dich gestoßen bin.«

»Ja, das ist wirklich komisch. Ich würde die vierte gern wiederholen, ich habe überhaupt keine Lust, ins Gymnasium zu kommen«, gestand Sarah.

»Nicht möglich! Ich kann es gar nicht abwarten, Englisch

zu lernen. Hot dog, Chewing-gum, yes, how are you? Hast du darauf keine Lust?«

»Der Lehrer hat uns gewarnt, daß wir im Gymnasium sechsmal soviel arbeiten müssen. Wir müssen sowieso schon zuviele Schulaufgaben machen, um mitzukommen. Nein danke!«

»Wie heißt er?«

»Herr Laurent. Und deiner?«

»Wir haben eine Lehrerin. Fräulein Martin«, antwortete Salah.

»Ist sie hübsch?«

»Es geht so, sie ist schon älter, so Mitte dreißig, aber sie zieht immer Jeans an, um jünger auszusehen.«

»Vielleicht mag sie Jeans. Meine Mutter ist fünfunddreißig und trägt fast jeden Tag Jeans«, meinte Sarah. Bei der Vorstellung von seiner eigenen Mutter in Jeans mußte Salah lächeln.

»Und du, hast du auch immer Jeans an?« fragte er.

»Nein, meinen Jogginganzug. Unser Lehrer ist ganz verrückt auf Sport, jeden Tag haben wir welchen. Darum trag ich immer meinen Trainingsanzug«, sagte Sarah.

»Bei uns ist es genau umgekehrt. Sobald einer ein bißchen Quatsch macht, wird er vom Sport ausgeschlossen. Ich mag Sport unheimlich gern ... Das ist ganz schön blöd. Bist du gut in Sport?«

Sarah spürte, wie sich ihr Gesicht verzog bei der Idee zu behaupten, sie wäre eine richtige Sportskanone, die am schnellsten von allen laufen konnte, am höchsten springen und die beste im Handball war. Wie gern hätte sie sich, und wenn auch nur für eine Minute, als den großen Star dargestellt. Ausgerechnet sie, die nicht mal im Traum einen Purzelbaum zustande brachte! Die immer als letzte gewählt wurde, wenn die Mannschaften gebildet wurden, und dann auch nur mit Widerwillen!

»Nein, ich hasse Sport! Ich hätte lieber deine Lehrerin. Ich kann Tischtennis spielen. Papa hat eine Platte gekauft, aber keiner hat mal Zeit, mit mir zu spielen. Kannst du Tischtennis spielen?«

»Nein, ich hab's noch nie probiert, aber ich kapiere schnell. Wo stellt ihr die Platte auf?« fragte Salah neugierig.

»Im Garten. Sogar wenn es regnet, verzieht sie sich nicht. Aber Papa besteht darauf, daß sie zugedeckt wird. Dabei vergessen wir es immer, und er regt sich dann auf!«

»Ein Garten! Ich kenne hier niemand, der einen Garten hat. Spielst du oft darin?«

»Nein, fast nie. Erstens ist kaum mal schönes Wetter. Mama schimpft, es hätte wirklich keinen Sinn, ein Haus mit Garten zu kaufen, wenn niemand darin spielt. Im Sommer fahren wir in die Ferien, und im Winter hab ich zuviel zu tun.«

»Ich würde Gemüse anpflanzen, Salat, Auberginen, Paprika ...« träumte Salah laut vor sich hin.

»Papa hat versprochen, er würde Kartoffeln und Gemüse pflanzen, aber er hat keine Zeit.«

»Dann könntest du doch Samen ausstreuen. Wir haben in der Schule einen kleinen Gemüsegarten angelegt, auf der Fensterbank. Das ist Spitze! Wir haben Salat gesät, Radieschen, Erbsen, und das ist alles ruckzuck gewachsen«, fuhr Salah fort.

»Ja, kann sein, aber wenn ich nächstes Jahr ins Gymnasium komme ...«

»Ich könnte dir helfen«, schlug Salah vor.

»Ja, vielleicht ... Hör mal, ich muß jetzt auflegen. Mama kommt gerade heim«, flüsterte Sarah.

»Ich auch. Ich ruf dich morgen an.«

»Einverstanden.«

»Also, bis morgen.«

»Auf Wiederhören.«

»Auf Wiederhören.«

»Bis bald.«

»Tschüs, bis bald.«

»Tschüs«, antwortete Salah wie ein Echo.

Und dann war es wieder still ...

Nach dem Gespräch fühlt Salah sich richtig gut, nun hat er endlich eine Freundin gefunden. Sarah erzählt ihrer Mutter nichts von dem Telefongespräch, es soll ihr Geheimnis bleiben, daß sie nun einen Freund gefunden hat. Am nächsten Tag kann sie es kaum erwarten, aus der Schule nach Hause zu kommen. Salah ruft auch gleich wieder an. Er erzählt Sarah, daß er dabei ist, die neue Wohnung zu putzen, weil sie morgen umziehen würden. Sarah will darüber mehr wissen.

... Ist euer neues Haus groß?«

Salah betrachtete den leeren Raum. Bis jetzt hatten sie in einer winzigen Zweizimmerwohnung gelebt. Hier hatten sie es bequem, und er freute sich unheimlich darauf, bald in der Innenstadt zu wohnen.

»Ja, ziemlich groß. Ich glaube, es sind ungefähr siebzig Quadratmeter. Und bei euch?«

Sarah war zwar nicht stolz darauf, aber was sollte sie antworten?

»Unser Haus ist auch groß.«

»Drei oder vier Zimmer?«

»Acht, aber riesig sind sie nicht gerade«, schwächte Sarah rasch ab.

»Acht Zimmer! Und wieviel seid ihr?«

»Nur wir drei. Manchmal haben wir Gäste.«

Salah fand es merkwürdig und traurig, daß drei Menschen sich in einer solchen Menge Raum verloren. Das machte zweieinhalb Zimmer pro Person. Wozu sollte das gut sein?

»Verirrst du dich nicht in den ganzen Zimmern? Hast du keine Brüder oder Schwestern?«

»Papa wollte nur ein Kind haben, um das gut zu erziehen.

Mal sehen, ob's klappt ... das heißt, wenn ich nicht sitzenbleibe. Aber stimmt, ich fühl mich allein. Und ihr, wieviel seid ihr?«

»Wir sind sieben«, sagte Salah stolz, »da hat man immer Gesellschaft. Am Anfang ist Papa allein gekommen. Er hat uns erzählt, sein Zimmer wäre so klein gewesen, daß es nur Platz für ein Feldbett gab, aber abends nach der Arbeit wäre er so müde gewesen, daß er froh war, eine Stelle zu haben, wo er sich schlafen legen konnte. Er konnte kein Wort Französisch.«

»Genauso wie mein Großvater, als er nach Frankreich kam. Er redete mit Händen und Füßen oder sprach einfach polnisch, aber das hat niemand verstanden.« Sarah dachte, daß selbst die Polen Opas Polnisch nicht verstünden.

»Meine Großmutter hat es ihm schließlich beigebracht. Aber er behielt immer einen Akzent. Er sagte *Ziege* statt *Züge*. Kann dein Vater jetzt richtig Französisch?«

»Er kommt so zurecht. Meine Mutter weniger. Sie kennt keine Franzosen, mit denen sie reden könnte.«

»Und was sprecht ihr untereinander?« fragte Sarah.«

»Zu Hause reden wir Arabisch.«

»Toll«, rief Sarah ganz begeistert. »Ich hab mal Leute Arabisch reden hören, aber das war für mich wie Chinesisch. Wie sagt man guten Tag?«

»Salem alejkum.«

»Nicht zu fassen, fast wie auf hebräisch. Scholem alejchem.«

»Kannst du etwa Hebräisch?« wunderte sich Salah, ein wenig in Verteidigungshaltung.

Sarah erschrak, denn ohne genau zu wissen warum, schwante ihr, daß es zwischen Juden und Arabern Probleme gab. Sie wollte lieber die Finger davon lassen.

»Nein, ich hab nur so ein paar Wörter aufgeschnappt.«

Salah war genauso verwirrt. Das Hebräische machte ihn irgendwie verlegen und ratlos. Er hätte gern mehr darüber erfahren, doch ohne die noch so junge Freundschaft aufs Spiel zu setzen. Er hatte schon oft gehört, über Politik solle man nicht reden. Zwar wußte er nicht weshalb, aber er hatte Angst, sich die Finger zu verbrennen. Und vor allem war er nicht sicher, ob Hebräisch etwas Politisches war. Er wechselte lieber das Thema.

»Was hast du heute gemacht?«

Das war besser als: Hast du einen schönen Tag gehabt? Sarah wußte genau, wenn sie immer nur nein, einen schlechten antworten würde, blöd war's, alles geht mir auf den Wecker, hätten die Fragen kein Ende. Warum wollten die Leute immer nur nette Geschichten hören? Auf Salahs Frage konnte sie antworten: Grammatik, Mathe, Lesen, Pause, Mittagessen, Physik, Turnen. Aber worin unterschied sich dieser Tag von den andern?

»Heute ist der Lehrer mit einem Smoking in die Schule gekommen!«

»Was ist denn das, ein Smoking?«

»Das ist ein festlicher Anzug, zum Beispiel für eine Hochzeit. Er trug eine Krawatte, die war voll mit Initialen: C.D., C.D., C.D., C.D. Sie war hübsch, aber er heißt doch Laurent. Er hat sie sich bestimmt von einem Freund geliehen für den Tag. Wir könnten ihm eine Krawatte mit seinen eigenen Initialen zu Weihnachten schenken. Feiert ihr Weihnachten?«

»Nein, wir haben andere Feste. Und du?« fragte er.

»Wir auch. Und unheimlich gute. Jeden Abend zünden wir Kerzen an, acht Tage hintereinander. Ich hasse Weihnachten. Jeder redet von nichts anderem mehr, die Straßen und Geschäfte sind geschmückt, die Leute sind ganz aus dem Häuschen, nur für mich gibt's nichts, keinen Baum, keine Pantoffeln unterm Bett, keinen Weihnachtsmann ...«

»Da verpaßt du nichts Besonderes. Und der Weihnachtsmann, der ist ein Witz! Es gibt nicht nur einen, sondern Milliarden. Im Dezember steht an jeder Ecke einer. Einmal hab ich einen gefragt: Wieviel Uhr ist es, bitte?«

»Was für ein Einfall, den Weihnachtsmann nach der Uhrzeit zu fragen?«

»Stimmt, aber ich wollte noch Brot kaufen und hatte Angst, zu spät zur Schule zu kommen.«

»Was hat er geantwortet?«

»Hau bloß ab, du kleiner Kanake! Er muß den Tag wohl schlechte Laune gehabt haben.«

»Was ist das, ein Kanake?«

Was könnte Salah
Sarah geantwortet
haben?
Salah und Sarah
unterhalten sich
anschließend noch
über alles mögli-
che. Denkt euch
verschiedene
Themen aus und
spielt die
»Telefongespräche«
der Klasse vor.

Mein Freund David

In Bettis Klasse ist ein Neuer eingetreten.
Seltsam ist, daß David schon am zweiten Schultag,
einem Samstag, fehlt.
Auch am nächsten Samstag ist David nicht da.
Betti solle für ihn mitschreiben, meint der Lehrer,
der Samstag, der Schabbat, sei für David ein Feiertag ...
Betti freundet sich mit David an,
und sie merkt bald, daß er Probleme hat.
David verbringt seine Freizeit in Kinos und Spielsalons.
Als er kein Geld mehr hat, versetzt er
die wertvolle silberne Taschenuhr,
das einzige Erinnerungsstück an den Urgroßvater ...

...David fehlt immer häufiger in der Schule und er bricht dauernd in Tränen
aus. Betti will nun endlich wissen, was los ist.

David begann wieder zu weinen. Und ich fing langsam an zu begreifen, worum es ging. Zumindest, daß eine Uhr weg war und David für dieses Geld jeden Tag ins Kino ging, anstatt in die Schule. Jeden Morgen ging er pünktlich von zu Hause weg, und nach der Schule war er wieder da; nur dazwischen saß er nicht vor dem Lehrer, sondern vor seinen Krimihelden. Und die Eltern hatten keine Ahnung davon.

»Betti! Du mußt mir helfen, die Uhr wiederzubekommen, bitte hilf mir! Meine Mutter würde das nicht überleben!« David flehte mich an, es war furchtbar. Aber wie sollte ich ihm helfen? »Wieviel hast du denn für die Uhr bekommen?«

David ließ den Kopf hängen und murmelte: »Hundert Mark.«

»Hundert Mark! Für eine wertvolle, alte Uhr! Warum läßt du dich so bescheißen? Und wieviel hast du noch davon?«

Davids Kopf sank noch tiefer. Er griff in die Hosentaschen und holte einen Zwanzigmarkschein heraus.

Achtzig Mark hatte er schon ins Kino getragen! Wo sollte ich diese Summe hernehmen! Ich rechnete kurz. Bei fünf Mark Taschengeld pro Woche waren das ...? Ach, es hatte keinen Sinn, es würde zu lange dauern. Aber ich wollte etwas tun, irgend etwas, um zu zeigen, daß mir was einfallen würde.

»Weißt du was«, ich war plötzlich ganz ruhig, völlig beherrscht und cool, »wir fahren jetzt zu dem Laden und fragen mal, was er für die Uhr haben will. Ich kann nur für dich hoffen, daß er sie noch nicht verkauft hat.«

David sprang auf, er strahlte richtig. »Heißt das, daß du mir helfen willst?« »Jetzt komm mal, wir werden ja sehen.«

David wußte zwar nicht mehr, wie die Straße hieß, in der das Geschäft lag, aber er erinnerte sich genau, wie er hingekommen war. Wir nahmen den Bus nach Kreuzberg, einem Stadtviertel in Berlin, in dem hauptsächlich Türken wohnen. Er fuhr in eine andere Richtung als nach Hause. Ich dachte an Susanne, die wahrscheinlich gerade die Nudeln aus dem Topf nahm. Heute mußte sie sie eben alleine mit ihrem Gustav essen, jetzt gab es Wichtigeres zu tun. ...

Während der Busfahrt erkundigt sich Betti nach David's Religion. David erzählt ihr von Abraham, vom Schabbat, und darüber hätten sie fast das Aussteigen vergessen.

...David lief von der Haltestelle ein paar Geschäfte zurück, und wir standen vor einem Laden, der einfach alles hatte. Die ganze Straße war voll mit solchen Geschäften, es war wie eine Ansammlung von Läden mit altem Kram. Die Auslagen waren voll mit Schmuck, Uhren, Radios, Fernsehern, Besteck, Vasen, Bildern, manche fast neu oder auch uralt.

Wir starrten durch das Glas in den Laden, den David wiedererkannt hatte, und hofften, die Uhr zu finden. In einer Ecke lag ein Tablett mit lauter alten Uhren.

»Ja! Hier liegt sie!« David war ganz aufgeregt. Er hatte die Uhr in der Auslage entdeckt. Ich versuchte, das Preisschild zu entziffern, und als ich die Zahl sah, wurde mir fast schlecht.

Auch David hatte das Preisschild entdeckt.

DM 500,- stand darauf. Bevor er wieder zu weinen beginnen konnte, sagte ich ihm: »Laß mich das machen. Sprich kein Wort drinnen. Misch dich nicht ein.«

Er nickte nur, und wir betraten das Geschäft. Der Besitzer war Türke, dunkel, mit Schnurrbart, und einem Lächeln im Gesicht. Aber als er David sah, wurden seine lustigen Augen ernst. Er schien ihn erkannt zu haben.

»Dieser Junge hier«, ich zeigte auf David, »hat Ihnen eine Uhr verkauft, die nicht ihm gehört. Ich verlange, daß wir sie zurückkaufen können, und zwar für den Betrag, den er von Ihnen bekommen hat!«

Ich versuchte, so ernst, aber auch so ruhig wie möglich zu sprechen, obwohl mir dabei die Knie schlotterten. Aber ich hielt mich am Pult fest, so daß niemand meine wackelnden Knie sehen konnte.

Der Händler reagierte ganz anders, als wir gedacht hatten: »Ich habe den Jungen eigentlich schon erwartet«, sagte er freundlich, »aber als er nicht gekommen ist, habe ich die Uhr doch in die Auslage gelegt. Ich weiß, sie ist viel mehr wert. Gut, ich gebe sie euch zurück. Das mit den hundert Mark geht schon in Ordnung.«

»Wir hätten da noch eine Bitte«, sagte ich jetzt schon weniger streng, »wir haben die hundert Mark noch nicht.«

»Auch das geht in Ordnung. Ich nehme sie aus der Auslage und hebe sie hier in der Schublade auf.«

Er holte sie und legte sie vor uns auf den Tisch. Ich nahm sie in die Hand. Sie war wirklich wunderschön. Zwei Deckel hatte sie, einen oben, einen unten. Den oberen konnte man öffnen, um das Zifferblatt und die Zeiger zu sehen. Es waren so alte, geschwungene Zahlen, und die Zeiger waren verziert.

Auf der Rückseite war auch ein Deckel. Darunter waren ein Stern und zwei Zeichen, die ich nicht lesen konnte.

»Ein Davidstern?« fragte der türkische Händler.

David nickte. Ich mußte lachen.

»Der heißt so wie du?«

David nickte wieder und sagte: »Das ist ein wichtiges Zeichen für uns. Auch auf der Fahne von Israel ist er. Es sind zwei Dreiecke, die zusammen einen Stern mit sechs Ecken ergeben. Er heißt so nach König David. Der lebte tausend Jahre vor eurem Jesus und war ein großer König. Er hat zum erstenmal Jerusalem zur Hauptstadt des Reiches der Juden gemacht.«

»Und außerdem hat er den Riesen Goliat erschlagen«, sagte grinsend der Türke.

Ich wurde neugierig, weil ich von der Geschichte auch schon gehört hatte, und fragte, wie das damals war.

Und David, der scheinbar endlos viele Geschichten wußte, erzählte vom Hirtenjungen David, der den schrecklichen Riesen mit einem kleinen, spitzen Stein, den er ihm mit einer Schleuder auf die Stirn schoß, niederstreckte. Dann nahm er Goliats großes Schwert und hieb ihm den Kopf ab. David erzählte, und wir vergaßen, warum wir überhaupt gekommen waren. Auch der türkische Geschäftsbesitzer hörte zu.

Dann gingen wir, versprachen ihm, in ein paar Tagen mit dem Geld zu kommen, und er versicherte uns, die Uhr nicht zu verkaufen, und gab uns seine Telefonnummer.

Auf dem Rückweg wurde ich richtig hungrig. Die ganze Aufregung, und ich hatte nicht einmal etwas zu Mittag gegessen. Ich hatte noch ein wenig Geld und schlug David vor, an einem Wurststand einen Hot Dog zu verdrücken. Er war zwar einverstanden, meinte aber, er würde etwas anderes essen.

Wir fanden eine Wurstbude gleich in der Nähe der Bushaltestelle, und ich sagte zu dem fetten Mann, der mit seiner schmutzigen Schürze die Wurst verkaufte: »Zwei Hot Dogs, bitte, mit viel Ketchup, und ...«

Aber David unterbrach mich und wollte nur ein Brötchen ohne Wurst.

»Warum ohne Wurst? Du bauchst kein Geld, ich lade dich ein!«

»Das ist lieb von dir, aber ich darf diese Wurst nicht essen.«

»Bist du krank? Oder allergisch auf Würste?«

»Nein, es tut mir leid, aber es widerspricht meinen Eßregeln. Diese Wurst ist nicht koscher*.«

»Bitte, David!« Ich hob die Hände hoch wie unsere alte Frau Schneider im Haus, wenn sie sich aufregt. Beide Hände in Kopfhöhe, die Finger auseinander und hin und her wackeln. So macht sie das immer, wenn ich mit schmutzigen Schuhen durchs Treppenhaus gehe.

»Alles ist immer anders bei dir! Wir sprechen zwar die gleiche Sprache, und wir lachen über die gleichen Witze. Aber immer gibt es etwas, was du anders machst!«

»Du meinst das mit dem Essen?«

»Nicht nur das. Du sitzt am Samstag zu Hause, wenn alle anderen ausgehen. Am Freitag ist bei dir immer die ganze Familie beisammen, der einzige Tag, an dem meine Mutter sicher ausgeht, weil sie am Samstag aus-schlafen kann, und jetzt sagst du mir noch, daß du keine Hot Dogs essen darfst!«

»Ich kann dir nicht sagen, warum wir das alles machen. Die Großeltern haben so gelebt und wahrscheinlich ihre Großeltern auch. Es ist so ... so normal, eben, wie wenn es nichts anderes geben könnte. Obwohl, früher in der DDR war das alles nicht so einfach. Es gab keine kosche-ren Fleischer, in der Synagoge waren oft zu wenig Män-ner, um den Gottesdienst zu beginnen, es müssen näm-lich zehn sein, und in der Schule hat man besser nicht gesagt, daß man Jude ist. Aber hier halten wir die Regeln ein. Es ist doch alles nicht so schlimm, ich ess' eben kein Schweinefleisch.«
»Kein Schnitzel, kein Eisbein, kein Kasseler Rippen-speer, keine Currywurst, keine Hot Dogs, was bleibt da noch übrig?« ...

Im Einleitungstext heißt es, daß David Probleme hat. Welche Probleme könnte er haben? Überlegt euch dies gemeinsam, lest dazu den Klappentext noch einmal aufmerksam durch.

Wie reagiert Betti auf Davids Probleme? Lest dazu noch einmal den ersten Abschnitt genauer durch.

Spielt die Szene, in der Betti und David den Uhrenladen betreten, nach.

Überlegt euch danach in Gruppen, wie es von der Stelle: »Der Händler reagierte ganz anders, als wir gedacht hatten.« auch anders hätte weitergehen können.

Was haltet ihr von Davids Tat? Könnt ihr ihn ein bißchen verstehen?

Mein Jerusalem - Dein El Kuds

Geschichte einer Freundschaft

Roswitha von Benda

Als Bettnachbarn in einem Jerusalemer Krankenhaus lernen sie sich kennen: Jossi, ein jüdischer, und Hassan, ein arabischer Junge. Aus der anfänglichen Notgemeinschaft entwickelt sich eine feste Freundschaft. Gemeinsam entdecken sie die bunte Vielfalt ihrer Stadt, von der sie jeweils nur eine Hälfte kannten: Jossi sein Jerusalem - Hassan sein El Kuds. Fast verzaubert von der geheimnisvollen Lebenswelt des anderen, lernen sie sich immer tiefer verstehen. Doch es ist eine Freundschaft, die es im Teufelskreis von Haß und Gewalt eigentlich nicht geben darf. Von vielen wird sie deshalb mit großer Skepsis, ja Angst betrachtet. Und Jossi wird eines Tages zum Militär müssen und Hassan vielleicht für einen unabhängigen Palästinenserstaat kämpfen. Wird ihre Freundschaft das alles überstehen?

Beispielhaft erzählt dieses Buch, wie junge Menschen sich unbefangen über Mauern von Fremdheit und Feindschaft hinwegsetzen und mitten in einer heillos zerrissenen Welt entdecken: Miteinander ist das Leben viel schöner.

Roswitha von Benda, lebt seit 1984 in Israel und arbeitet als freie Journalistin für Presse, Funk und Fernsehen.

... Es ist gleich dunkel, und es ist die Stunde des Gebets. Zu Hause ruft jetzt der Muezzin die Gläubigen   *Vorbeter* zum Gebet. Zu Hause im Dorf, denkt Hassan wehmütig. Mutter wird jetzt den Abendbrottisch decken. Vater wird mit den älteren Brüdern Nader und Samir »politische Gespräche« führen, wie sie es nennen, wenn sie über Israelis schimpfen. Und ich liege hier in einem israelischen Krankenhaus - und neben mir ein Jude, der kein Wort mit mir redet.

»He du, weißt du, wie spät es ist?«

Keine Antwort. Dann eben nicht. Vielleicht hat er Heimweh wie ich. Sie haben ihn gerade erst gebracht, und seine Eltern sind noch nicht gekommen. Sicher fühlt er sich schrecklich einsam.

»Haver - Freund, kann ich etwas für dich tun?« fragt Hassan den Bettnachbarn, der noch immer den Kopf zur Wand gedreht hat ...

Die ganze Zeit heult der, denkt Hassan. Und ich habe geglaubt, Juden heulen nicht so schnell, sind unheimlich mutig. Vielleicht sind sie doch nicht so mutig. Wenn sie durch unser Dorf kommen, tun sie, als gehöre ihnen alles, auch unser Dorf, sagt Vater. Und er und die Brüder haben dann immer eine schreckliche Wut ...

Mama, Papa »Ima, Aba«, schluchzt er (Jossi), »wo bleibt ihr denn? Ich will zu meinem Bruder Uzi.« Jossi steigt aus dem Bett. Er tastet sich im Dunkeln zur Tür, fällt über den Stuhl neben Hassans Bett.

»He, was machst du denn da? Wohin willst du? Mußt du aufs Klo?« ...

Jossi setzt sich auf sein Bett und mustert den Nachbarn.

»Woher kommst du? Bist du Araber? Dein Hebräisch klingt so arabisch.«

»Was dagegen?« fragt Hassan mißtrauisch.

»Ne nur ...«

»Was nur?«

»Nur, nach allem, was passiert ist, jetzt auch noch 'n Araber neben mir.«

Jossi erzählt von dem Autounfall mit seinem Bruder Uzi. Dann erzählt Hassan über sein Heimatdorf, das eine halbe Stunde von Jerusalem entfernt liegt.
Hassan berichtet, daß in dem Dorf früher viele Christen lebten, die aber fast alle nach Amerika ausgewandert sind und manchmal zu Besuch kommen.

»Sie könnten hier nicht mehr leben, sagen sie. Sie würden erst zurückkommen, wenn Palästina den Palästinensern gehört.«

»Da könnt ihr lange warten«, unterbricht Jossi.

»Jetzt sind wir hier, und wir lassen uns nicht mehr verjagen. Mein Großvater, der aus Polen kommt und der ganz Schlimmes in einem Konzentrationslager durchgemacht hat, der erzählt uns manchmal davon, und dann sagt Vater: ›Laß die Kinder damit zufrieden, die wachsen als freie Menschen auf, und wir sind jetzt stark genug uns selbst zu verteidigen, damit uns niemand mehr umbringt, nur weil wir Juden sind‹.

Am nächsten Morgen kommen Jossis Eltern zu Besuch und Jossi stellt Hassan seinen Eltern vor. Die beiden Jungen kommen immer besser ins Gespräch und sie verabreden sich für die Zeit nachdem sie aus dem

Gemüsefrikadellen Krankenhaus entlassen sind zum *Felafel*-Essen in der Altstadt von Jerusalem bei Abu Shukri und auf der Ben-Jehuda-Straße im israelischen Teil der Stadt.

Und dann kommt die letzte Nacht im Krankenhaus. Morgen, Freitag, werden sie beide entlassen. Eine Woche lang lagen sie nebeneinander. Eine lange Woche. Aber die Woche ist schnell vergangen. Sie haben sich die Zeit mit Geschichtenerzählen vertrieben. Jossi erzählte von seinen Großeltern aus dem Jemen. Und Vater mußte einen Atlas bringen, damit Jossi Hassan zeigen konnte, wo der Jemen liegt. Nurit war nicht ins Krankenhaus gekommen, Nurit, seine Mitschülerin, die so gut in Mathe ist, und auch sonst nicht übel, und er hatte geglaubt, daß sie Freunde wären. Schöne Freundin, dachte Jossi und beschloß, sich von Nurit zu trennen.

Aber dann hat er Nurit sehr schnell vergessen. Es gab immer etwas zu tun. Keinen Augenblick war es langweilig mit Hassan. Sie tauschten Comic-Hefte aus, und Hassan hat Jossi ein orientalisches Spiel beigebracht: Backgammon (Brettspiel) Scheshbesch, jeden Tag haben sie es gespielt. ›Komisch‹, hat Jossi dabei gedacht, ich hätte nie geglaubt, daß ich mich mit ‘nem Araber anfreunden könnte. Und als sie beide so im Bett liegen und darüber nachdenken, was sie nachher alles zusammen unternehmen werden, da müssen beide zugeben - war eigentlich gar nicht so schlimm, die Zeit im Krankenhaus.

»Bist du noch wach, Hassan?«

»Hm, ich kann auch nicht schlafen. Ich muß immer daran denken, daß wir jetzt Freunde sind. Glaubst du, wir können richtige Freunde werden?«

»Warum nicht, du redest zwar ein bißchen viel, aber sonst bist du eigentlich ganz in Ordnung.«

»Jossi, es bleibt dabei, nächsten Freitag um drei am Damaskustor.«

»Klar doch, Hassan.«

»Dann Jossi, zeige ich dir El Kuds, den Shouk, die Was- *Markt* serpfeifen, Abu Shukri und den Felsendom.«

»Und ich zeige dir mein Jerusalem, die Klagemauer, die Ben-Jehuda-Fußgängerzone, und du wirst sehen, daß es dort die besten Felafel gibt.«

»Aber erst gehen wir zu Abu Shukri, versprochen?«

»Versprochen.«

Einige aus eurer Klasse sind bestimmt auch schon mal im Krankenhaus gewesen: Erzählt, wie ihr euch da gefühlt habt: ganz am Anfang und auch gegen Ende.
Für Jossi und Hassan ist es nicht so leicht, sofort Freunde zu werden. Welche Schwierigkeiten haben sie?
Was machen Sie in der Zeit im Krankenhaus?
Zwei Wochen später: Jossi und Hassan treffen sich wie verabredet. Teilt euch in Gruppen auf und überlegt, wie sie den Tag verbringen könnten, was sie reden, was sie tun, was sie erleben.
Schreibt diese Szene auf oder spielt sie der Klasse vor.

Das Tier in der Nacht

Es lebt in der Dunkelheit, unter dem Bett. Am Tag ist es unsichtbar, aber am Abend wächst es, bläst sich auf und huscht durch das Zimmer.
Der Junge, in dessen Zimmer das Tier lebt, ist sehr ängstlich. Seine Eltern lassen seine Tür abends ein Stückchen offen, damit er einen Lichtschein sehen kann. Aber das Tier ist schlau, es meidet das Licht und lauert darauf, den Jungen zu fassen zu kriegen ...

...Es wohnt in der Dunkelheit unter meinem Bett. Am Tag macht es sich klein. Aber in der Nacht, gleich nachdem Mama die Lampe ausgemacht hat, bläst es sich auf. So ein Tier kann sich nur im Dunkeln aufblasen. Bei Licht schrumpft es.

Als wir noch keine Freunde waren, hatte ich immer große Angst vor ihm, sogar schon bevor Mama ins Zimmer kam, um mir einen Gute-Nacht-Kuß zu geben. Obwohl das Licht noch brannte, hatte ich bereits solche Angst, daß ich mich auf keinen Fall aufs Bett setzte und die Beine herunterbaumeln ließ. Nach dem Baden mußte man besonders vorsichtig sein, weil man da nackte Füße hatte. Wenn ich aus der Badewanne kam, sprang ich immer von weitem mit einem Satz ins Bett und deckte mich sofort zu.

Eigentlich habe ich immer noch ein bißchen Angst vor ihm, aber nicht richtig. Ich weiß ja inzwischen, wie ich es beschwören kann, egal was passiert. Jede Nacht kommt es aus seiner Dose, auch wenn ich sie noch so fest zumache und in Papier einwickele, sie dann in eine Plastiktüte stecke und die auch noch mit einer Schnur zubinde. Ich muß die Dose nicht aufmachen, wenn das Tier raus will. Es kann durch die Ritzen zwischen den Molekülen kriechen. Papa hat es mir erklärt. Alles besteht aus vielen, vielen Molekülen, die aneinander-hängen, immer eins am anderen. Man sieht sie nur durchs Mikroskop. Die kleinen Moleküle hängen nicht aneinander wie Backsteine an einer Mauer, sondern wie Leute, die nebeneinanderstehen, mit einem Zwischen-raum, und sich dabei fest an den Händen halten, so daß man zwischen ihnen hindurchgehen kann.

Und so macht es das Schattentier, wenn es durch das Blech der Dose und durch die Plastiktüte hinaus will. Ich finde es schade, daß ich das nicht auch kann. Dann könnte ich durch Wände oder Fensterscheiben gehen...

Eines Tages schenkt der Vater dem Jungen eine Taschenlampe, die nimmt er abends nun immer mit ins Bett. Im Zirkus sieht er, wie man Tiere zäh-men kann und das versucht er nun auch mit dem »Tier«.

Mama mag das lieber. Darum mache ich es auch so, wenn ich sie bei ihrem Namen nenne.

Ich versuchte an die Zeit zu denken, als Mama Soldatin war. Papa und Mama waren damals noch nicht verheira-tet. Ich dachte auch an die Zeit, als sie sich noch nicht einmal kannten. Das konnte ich mir kaum vorstellen, aber in dem großen Fotoalbum kann man es sehen. Papa allein, Papa beim Militär, Papa in der Schule. Papa mit einer Freundin, die nicht meine Mutter ist. Das alles war, bevor er Mama kannte. Auch von Mama gibt es Fotos. Auf einem Schulbild steht sie mitten unter vielen anderen Kindern, da war sie in der dritten Klasse. Auf späteren Fotos ist sie Soldatin, Offizierin. Mama war Oberleutnantin und Papa Feldwebel. Wären sie zusammen beim Militär gewesen, hätte Papa vor Mama salutieren müssen. Das wäre komisch gewesen.

Ich sagte zu dem Tier:

»Stell dir vor, Tier, sie wären sich auf der Straße begegnet. Sie hätten vielleicht nebeneinander vor einem Schaufenster gestanden. Oder Mama hätte Papa gefragt: Verzeihung, mein Herr, wie spät ist es? Und dabei hätten sie noch nicht gewußt, daß sie mein Vater und meine Mutter sind.«

Das Tier fing an, mir zuzuhören. Ich weiß, daß es so war, denn ich hatte ein bißchen weniger Angst. Ich schob für eine Sekunde den Fuß unter der Decke hervor. Ich stellte ihn nicht auf den Boden, ich schob ihn nur ein bißchen hinaus - und nichts geschah. Ich behielt den Fuß zwar nicht gerade lange draußen, aber wenn ich gewollt hätte ...

»Tier, Tier«, sagte ich, »brüll mal!«

Das Tier brüllte nicht. Das war vielleicht auch gut, denn selbst wenn es nur leise gebrüllt hätte, wäre ich sehr erschrocken. Daß es nicht brüllte und mich nicht erschrecken wollte, war ein Zeichen, daß es schon ein bißchen dressiert war. Trotzdem hielt ich die ganze Zeit die Taschenlampe in der Hand, machte sie aber nicht an. Und das Tier bewegte den Vorhang nicht und ließ keine unheimlichen Töne in der Ecke neben meinem Bett hören...

Mit der Zeit wird das Tier dem Jungen immer vertrauter, es vertreibt ihm sogar seine schlechten Träume. Seiner Mama will der Junge aber nichts von seinem Geheimnis verraten.

...Am Jom Kippur saßen wir zu Hause. Plötzlich kam jemand und holte meinen Vater zur Armee. Papa gab Mama und mir noch einen Kuß. Wir sollten ihm Briefe schreiben, sagte er, bevor er ging. Dann kam Alarm. Alle Leute gingen in den Keller, und mein Schattentier zitterte vor Angst, weil es dachte, daß Bomben auf seine Dose fallen würden. Ich hielt die Dose gut fest und beruhigte es.

»Unser Bunker ist sicher, sehr sicher«, sagte ich, »du brauchst keine Angst zu haben. Und mein Papa ist stark, sehr stark. Er wird nicht zulassen, daß Bomben auf uns geworfen werden.«

Ich sprach ganz leise, niemand hat es gehört. Allmählich beruhigte sich mein Tier. Doch Mama machte sich große Sorgen. Ich konnte ihr mein Tier nicht geben, damit sie sich beruhigte, weil sie es nicht sehen konnte.

Nach einer Woche erfuhren wir, daß Papa am zweiten Tag der Kämpfe umgekommen war. Danach kümmerte

Versöhnungstag, höchster jüdischer Feiertag

sich mein Tier um mich und paßte nachts im Traum auf mich auf. Besonders wenn ich von dem Araber träumte. Mama erzählte, daß sie als kleines Mädchen auch immer von einem Araber geträumt hatte. Und Papa hatte von Zigeunern geträumt. Als Papa klein war, lebte er in Polen, in einem Dorf. Dort kamen manchmal Zigeuner mit ihren Wohnwagen hin. Sie lebten in Wohnwagen wie die Leute vom Zirkus, aber ohne Gaskocher. Manchmal hatten sie dressierte Bären, die tanzen konnten, und die alten Zigeunerinnen legten den Leuten Karten und sagten ihnen die Zukunft voraus. Alle Leute aus dem Dorf fürchteten sich vor ihnen und sagten zu Papa, er solle aufpassen, damit sie ihn nicht fingen. Papa war sicher, daß die Zigeuner Kinder stehlen. Deshalb fürchtete er sich vor ihnen und träumte nachts von einem Zigeuner, der ihn verfolgte. Seltsam, die polnischen Kinder, Papas Freunde aus der Schule, träumten manchmal von einem Juden, der sie fing und in einen Sack steckte.

Mama erklärte mir, daß viele Leute in Polen die Juden nicht mochten und sich alle möglichen schlimmen Geschichten über sie ausdachten. Deshalb träumten ihre Kinder nachts manchmal von bösen Juden. Das war aber nicht dasselbe wie meine Träume von dem Araber, denn mit den Arabern haben wir noch immer Krieg.

Nach Papas Tod erzählte ich dem Schattentier sehr viel von ihm. Zum Beispiel die Geschichte von dem Hund, der verlorenging, als Papa ein kleiner Junge war. Papa zog los und suchte den Hundefänger der Stadt. Als er zu der Straße kam, in der dieser Mann wohnte, fragte er jemanden: »Wissen Sie, wo der gemeine Mann wohnt, der Hunde fängt?« Es war der Hundefänger höchstpersönlich, und er wurde sehr böse, als er hörte, wie Papa über ihn sprach. Papa rannte weg. Der Mann erwischte ihn nicht, denn Papa konnte sehr schnell rennen, auch wenn er noch klein war. Beim Laufen verlor er allerdings seine Schuhe und kam barfuß nach Hause. Sein großer Bruder bekam Mitleid mit ihm, ging zu dem Hundefänger, bezahlte die Strafe und brachte den Hund zurück.

Ich bedauerte sehr, daß ich selbst keinen großen Bruder hatte. Das war schon nicht mehr möglich. Ich konnte nur der große Bruder des Babys werden, das bald geboren werden sollte.

Auch Mama hatte Hunde, als sie klein war. Sie wohnte in einer großen Siedlung, in der viele Neueinwanderer lebten. Mama und ihre Freundinnen zogen jeden Hund auf, den sie fanden. Sie holten sich auch streunende Hunde aus weiter entfernten Siedlungen. Sie bauten in den Treppenhäusern Hundehütten, und jedes Kind fütterte den Hund, der in seinem Treppenhaus lebte.

Papa und Mama hatten nie Angst vor Hunden. Warum hatte ich dann Angst? Ich könnte Mama bitten, dachte ich, daß sie mir einen kleinen Hund kauft. Ich werde ihn zusammen mit dem Schattentier aufziehen, auf ihn aufpassen und ihm zu essen geben. Und niemand darf ihn mir wegfangen. Das Tier wird aufpassen, daß unserem Hund nichts Schlimmes passiert.

Mein Tier war immer ganz still, wenn ich ihm Geschichten erzählte. Doch sobald ich aufhörte, wurde es unruhig. Ich konnte aber nicht immer sprechen, und deshalb bekamen wir manchmal Streit. Hauptsächlich dann, wenn es mich zum Spaß erschreckte und plötzlich in den Spielsachen herumraschelte.

»Licht, Licht, Licht auf dich!« sagte ich dann.

Dann kroch das Tier ganz langsam über die Zimmerdecke. Es hatte nämlich schon keine Angst mehr vor der Beschwörung, und außerdem langweilte es sich. Nur wenn ich es mit meiner Taschenlampe beleuchtete, erschrak es ein bißchen. Manchmal bestrafte ich es, wenn es mich geärgert hatte, und nahm es am nächsten Morgen nicht mit in die Schule. Und einmal warf ich seine Dose sogar in den Papierkorb und nahm sie erst wieder heraus, als es dem Tier leid tat und es anfing zu weinen.

Wenn ich nachts weinte, kam Mama und setzte sich zu mir ans Bett. Wir sprachen miteinander. Manchmal sprachen wir über Papa. Mama sagte: »Solange wir uns an ihn erinnern, an ihn denken und von ihm sprechen, ist er bei uns.«...

...Einmal bat ich mein Tier, mich an einen unheimlichen Ort zu begleiten. Es gibt viele unheimliche Orte in unserer Gegend. Zum Beispiel die rußige Höhle neben dem

Grab von Herodes. Oder eine andere Höhle mit einem vergitterten Fenster, in der mal jemand gewohnt hat. Aber nachdem man da einen Schädel gefunden hatte, ging kein Kind aus unserer Gegend mehr hinein. Man konnte die Höhle betreten, wenn man sich vorsichtig durch den Stacheldraht schob, mit dem der Eingang verschlossen war.

Es gab noch einen anderen unheimlichen Ort, nämlich den alten Bunker

am großen Platz. Der Bunker sah nur so aus, als wäre er verschlossen. Wer Bescheid wußte, konnte den eisernen Riegel zusammen mit dem Schloß bewegen und die Tür aufmachen. Nicht die Haupttür, sondern die Hintertür, die man von der Straße aus nicht sah. Außer mir und Jonathan wußte niemand davon. Tagsüber gingen wir manchmal in den Bunker und versteckten dort Bretter, mit denen wir eine Seifenkiste bauen und den Hang hinunterfahren wollten. Aber wenn es dunkel war, trauten wir uns nicht in den Bunker hinein, noch nicht mal mit einer Taschenlampe.

Mein Tier und ich, wir gingen tagsüber zu der Höhle. Das war schon unheimlich genug. Wir gingen vorsichtig hinein, nachdem ich mich durch den Stacheldraht gezwängt hatte. Ich hatte meine Taschenlampe dabei. Das Tier war in der Dose. Ich knipste die Lampe an, aber ich konnte trotzdem fast nichts sehen. Man sieht wirklich schlecht mit einer Taschenlampe. Wenn man eine kleine Stelle beleuchtet, dann wird die Dunkelheit außenherum noch viel schwärzer. Ich sah in einer Ecke einen Stoß alter Bücher. Mein Tier sagte, nachts kämen Geschöpfe her, die in der Höhle lebten, um ein bißchen zu lesen. »Was für Geschöpfe?« fragte ich. Mein Tier lachte, es hatte mich nur aufziehen wollen. Vielleicht lebten aber wirklich Geschöpfe in den leeren Häusern der Gegend. Früher hatte es dort auch einen Garten mit Weinstöcken und Feigenbäumen gegeben, und ich hatte da eine Schildkröte freigelassen, die ich im Park gefunden hatte. Ich dachte, sie wäre dort sicherer vor Menschen. Im Haus hatte sie nicht bleiben wollen, sie hatte immer an ihrer Schachtel rumgekratzt und wollte raus. Später wurde der Obstgarten dann mit Planierraupen eingeebnet.

Anfangs, als ich mich noch vor meinem Schattentier fürchtete, wußte ich noch nicht, daß ich mich eigentlich sehr gern fürchte. Nicht wirklich, aber ein bißchen. Es ist ja auch langweilig, Bücher zu lesen, in denen überhaupt nichts Unheimliches vorkommt. Papa hatte mich oft erschreckt, als ich noch klein war. Ich bettelte immer darum. Jedesmal, wenn Mama beschäftigt oder zu einer Lehrerkonferenz gegangen war, brachte mich Papa ins Bett, und dann wollte ich, daß er mir die allerunheimlichste Geschichte erzählte, die ihm einfiel. Er gab sich Mühe. Er machte das Licht aus und erzählte flüsternd. Und wenn ich mich schon richtig fürchtete und unter der Decke zitterte, fing er plötzlich an zu lachen und nahm mich in den Arm, und alles war vorbei. Und dann erzählte er ein gutes Ende. Alle unheimlichen Tiere verschwanden in der Erde, oder sie wurden von den guten Tieren besiegt. In allen seinen Geschichten gab es böse und gute Ungeheuer. Mein Schattentier war weder ein böses noch ein gutes Tier. Es war manchmal gut und manchmal böse. Wenn es mit mir stritt oder mich zum Spaß erschreckte, war es natürlich böse. Aber wenn es mit mir in die unheimliche Höhle ging, um auf mich aufzupassen, war es gut.

Jeder Mensch, also auch jedes Kind, hat manchmal Angst.
Wovor fürchtest du dich besonders?
Was tust du dann dagegen?
Findest du es komisch, daß der Junge sagt, daß er sich eigentlich sehr gerne fürchtet? Was meint er damit?

Uri Orlev

wurde 1931 als Jerzy-Henryk Orlowski in Warschau geboren. Mit sehr viel Glück überlebten Uri und sein Bruder den Zweiten Weltkrieg. Mit einem Kindertransport kamen die beiden Brüder nach Palästina, wo sie im Kibbuz Ganigar eine neue Heimat fanden.

Uri wollte schon als Kind Dichter werden. Seine Begabung, in Traumwelten zu leben, half ihm auch, den Krieg zu überleben.

Er beschreibt das so:

»Irgendwann hatte ich mir ausgedacht, daß der Krieg überhaupt nicht in der Wirklichkeit stattfand. Daß ich das alles nur träumte. In Wirklichkeit war ich der Sohn des chinesischen Kaisers, und mein Vater, der chinesische Kaiser, hatte befohlen, mein Bett auf eine große Bühne zu stellen. Um das Bett herum standen zwanzig weise Mandarin. Sie hießen Mandarine, weil jeder eine Mandarine auf seinem Hut befestigt hatte. Mein Vater befahl ihnen, mich in Schlaf zu versetzen und diesen Traum träumen zu lassen, damit ich eines Tages, wenn ich den Thron meines Vaters erbte, wußte, wie schlimm Kriege sind, was Hunger bedeutete und was es hieß, verwaist zu sein. Damit ich nie Kriege führen würde. Diese Geschichte hatte großen Erfolg bei meinem Bruder. Jedesmal wenn wir uns in plötzlicher Gefahr befanden, drängte mich mein Bruder, ihm diese Geschichte zu erzählen. Und wenn wir keine Zeit hatten, begnügte er sich mit der Bestätigung, daß ich alles nur träumte und er in meinem Traum lebte.«

Aus Uri Orlev: »Kinderspiele«.

Uri Orlev ist heute einer der bekanntesten Kinderbuchautoren Israels. Seine Bücher wurden auch in viele Sprachen übersetzt.

Lydia, Königin von Palästina
Aus dem Hebräischen von
Mirjam Pressler

Das Tier in der Nacht
Mit Bildern von Amelie
Glienke

Der Mann von der anderen Seite
Deutscher
Jugendliteraturpreis,
Auswahlliste,
Katholischer
Kinderbuchpreis,
Auswahlliste
Preis der Leseratten,
ZDF

53

Kapitel II

ANDERSSEIN

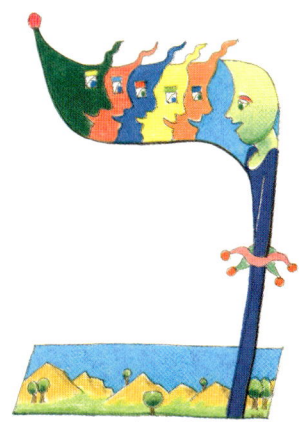

Alle Kinder feiern Feste

Als Jael nach Hause lief, wurde es langsam dunkel. Es hatte wieder zu schneien begonnen, ganz zart. »Macht nichts!« dachte sie. »Schippen wir morgen eben weiter.« Den ganzen Morgen hatte es geschneit und um die Mittagszeit sah die Straße wie gepudert aus. Nur ein paar Spuren zogen sich durch das pulverige Weiß.

Es war Sonntag und ziemlich kalt draußen. Da gingen nicht viele Menschen auf die Straße. Jael hatte gewartet bis nach dem Mittagessen und war dann gleich zu ihrer Freundin Anja gelaufen.

Eigentlich hatten sie zusammen Geschenke basteln wollen, aber dann bekamen sie so eine Lust, draußen zu spielen, daß sie ihren Plan vergaßen und im Schnee rannten und schlidderten und sich mit Schneebällen bewarfen, bis all der schöne Schnee ganz zertrampelt und zerstoben war.

Aus dem Rest bauten sie noch einen kleinen Schneemann vor Anjas Haustür.

Dann holten sie die großen Schneeschaufeln und schippten die Straße frei, vier Häuserzeilen entlang, von Anjas bis zu Jaels Elternhaus.

»Wollt ihr nicht reinkommen? Ihr seht ja schon ganz durchgefroren aus!« fragte Jaels Mutter. Sie stand fröstelnd in der geöffneten Haustür und lachte die beiden Mädchen an, die sich auf dem Gehweg mit den schweren

von Alexa Brum

Schaufeln abplagten und ganz rote Nasen und Wangen hatten.

»Ich möchte nach Hause« antwortete Anja. »Heute ist 2. Advent, da ist es so gemütlich. Darf Jael mit Tee trinken?«

Jaels Mutter zögerte einen Moment. Dann nickte sie. »Komm' aber nicht zu spät nach Hause!« rief sie, warf ihrer Tochter eine Kußhand zu und zog sich dann frierend ins Haus zurück.

Es war wirklich sehr gemütlich, als die Kinder mit Anjas Eltern und ihrer älteren Schwester Katja um den Eßtisch saßen.

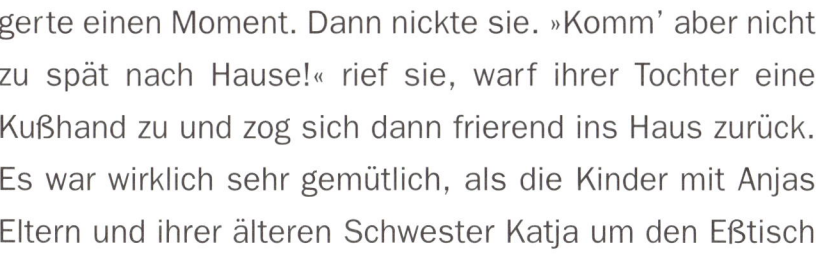

Der Tee wärmte von innen. Sie knabberten selbstgebackene Plätzchen und starrten schläfrig in das Kerzenlicht. Auf dem Tisch lag ein Kranz aus Tannengrün, auf dem eine Kerze steckte. Anjas Mutter hatte sie angezündet. Jael dachte daran, daß bald Chanukkah sein würde. Dann würden sie zuhause auch Kerzen anzünden, acht Tage lang - jeden Tag eine Kerze mehr.

jüdisches Lichterfest im Dezember

Segensspruch, Gebet.

Chanukkah-Lied

Jael durfte immer die Brachah sagen. Danach sangen sie Ma'os Zur. »Bis dahin muß ich die vierte Strophe noch üben!« dachte sie. »Die vergesse ich immer. - Ob ich wohl die Schlittschuhe geschenkt bekomme?«

Da fiel ihr ein, warum Anja und sie sich eigentlich verabredet hatten. Ach ja, die Geschenke! Sie wollten doch Kerzen färben, um sie zu verschenken.

Anjas Mutter bestand darauf, daß Katja ihnen helfen sollte. »Allein kommt nicht in Frage! Da könnt ihr euch verbrühen!« bestimmte sie.

Mütter! Immerhin waren beide schon acht Jahre alt!

Aber dann war es doch gut, daß Katja dabei war. Die Dosen mit dem flüssigen Wachs blubberten im kochenden Wasserbad und viel schneller, als sie gedacht hatten, waren die Kerzen bunt.

»Sieben Stück brauche ich.« sagte Anja. »Die kriegt meine Omi zu Weihnachten. Sie hat auf der Fensterbank so ein kleines Holzbäumchen aus Schweden stehen. Da gehören genau sieben Kerzen drauf.«

achtarmiger Leuchter

»Meine bekommt Papa für seine Chanukkiah. Ich habe neun Kerzen gefärbt: eine für jeden Tag und eine für den Schamasch. Das ist der kleine Anzünder vorne dran«, fügte Jael hinzu, als sie Anjas verständnislosen Blick sah.

»Ach ja!« Anja war im letzten Jahr an einem Chanukkah-Abend bei Jael gewesen und erinnerte sich an den kleinen Halter, den man vom Kerzenständer lösen konnte,

58

um die anderen Kerzen anzuzünden.

»Nächsten Mittwoch fängt es an. Magst du wieder einen Abend zu uns kommen?« lud Jael ihre Freundin ein.

Und ob Anja mochte! Sie selbst mußte ja noch drei Wochen bis Weihnachten warten.

»Meinst du, du darfst Weihnachten mal vorbeikommen und unseren Baum ansehen?« fragte sie zurück.

»Ich weiß nicht!« sagte Jael. »Da muß ich erstmal fragen.«

Sie packte ihre Kerzen ein und machte sich auf den Heimweg.

Jael freut sich schon sehr auf Chanukkah. Male alles auf, was du an Chanukkah gern hast.
Hast du auch schon Geschenke vorbereitet wie Jael?
Findest du Geschenke zu Chanukkah wichtig?

David-halb-und-halb

David lebt mit seinen Eltern in einem Kibbuz in Israel. Seine Mutter ist Norwegerin und Christin. Sie ist eine Außenseiterin in ihrem Kibbuz. David wird von den anderen Kindern provoziert und gilt als Unruhestifter. Als der Kibbuz Davids Mutter Eli die Ausbildung als Erzieherin verweigert, wünscht sie sich, wieder in Norwegen zu leben. Ein heftiger Streit beginnt und am Ende reist die Familie zusammen nach Norwegen ab.

David fühlte, daß er ein Fremder war. Manchmal hatte er Angst, an diesem Gefühl ersticken zu müssen. Und er meinte, sich daran erinnern zu können, wann er zum ersten Mal erfahren hatte, daß er anders war.

Damals war er noch im Kindergarten gewesen, und alle waren mit den Vorbereitungen zur Chanukkahfeier be-

jüdisches Lichterfest, meist im Dezember

schäftigt. Ganz deutlich entsann er sich, wie er den Unterschied zwischen der Festtagsatmosphäre daheim und den Chanukkahgeschichten oder Liedern im Kindergarten bemerkt hatte. Naiv, wie er gewesen war, hatte er seine Kindergärtnerin Alisa und die anderen Kinder in die Freude über diese Entdeckung miteinbeziehen wollen.

Die Feindseligkeit, die er in Alisas Stimme und ihren Augen entdeckt hatte, erschreckte ihn tief. Er hatte nicht verstanden, was er falsch gemacht hatte und warum Alisa böse auf ihn war. Er hatte auch das Wort nicht gekannt, das die Kindergärtnerin leise ausgesprochen hatte, als wäre es ein böses und verbotenes Wort.

Später, als er das Wort vor seiner Mutter wiederholte, explodierte sie mit großem Lärm.

nichtjüdische Frau

»Goya! Sie nennen mich Goya vor meinem Kind!« schrie sie und weinte. »Benehmen sich so die Menschen in der offenen, kultivierten Gesellschaft, die du mir versprochen hast?«

Sein Vater hatte die Mutter umarmt und etwas mit seiner weichen, besänftigenden Stimme gemurmelt. Aber die Mutter hatte tief gekränkt und enttäuscht geklungen, und diesen Klang konnte David nicht vergessen.

Sein Vater hatte sich bemüht, ihm dieses kränkende Wort zu erklären, und er hatte versucht, ihm klarzumachen, warum es so wichtig für seine Mutter war, ihre Feiertage genauso zu feiern, wie sie es in ihrem Heimatland getan hatte, als sie so klein gewesen war wie er jetzt. David verstand. Auf seine Art verstand er, daß seine Mutter anders war, anders als Rosi, Sarit, Tirza, Warda und die anderen Mütter, die auch zu Hause Chanukkah, Purim und Pessach feierten. Die anderen Mütter warteten nicht auf einen freundlichen Großvater mit weißem Bart und roter Zipfelmütze, der den Kindern Geschenke brachte. Sie stellten keinen Baum im Wohnzimmer auf und sangen keine Lieder in einer fremden Sprache. David begriff, was ihm sein Vater erklären wollte, und verstand doch, daß etwas an ihnen fremd war im Kibbuz.

Ein Fest im Frühjahr, an dem sich vor allem Kinder verkleiden. Pessach = Fest zur Erinnerung an den Auszug aus Ägypten

Vielleicht hätte er den Zwischenfall schon längst vergessen, wenn er seine Mutter nicht sehr verändert hätte. Sie vergaß nichts, und seit jenem Tag zeigte sie jedesmal, wenn sie in den Kindergarten kam, wie fremd und entfernt sie sich fühlte. Alisa empfing sie freundlich und

Eine Gemeinschaftssiedlung in Israel

versuchte, den alten Zustand wiederherzustellen, aber seine Mutter ging nicht darauf ein. Jedesmal, wenn sie mittags den Kindergarten betrat, fürchtete sich David davor, daß sie plötzlich anfangen würde zu schreien, so wie sie vor Chanukkah geschrien hatte, und daß sich ihre Wangen wieder mit den häßlichen roten Flecken überziehen würden.

Bis zu dem Abend, an dem Schifra und Ilan zu seiner Mutter gekommen waren, hatte David nicht geglaubt, daß seine Mutter es ernst meinte, wenn sie davon sprach, nach Norwegen zu ziehen. Er wußte, wie sehr sie sich nach ihrer Familie und ihren alten Freunden sehnte, aber es wäre ihm nicht in den Sinn gekommen, daß sie Newe-Tamar wirklich verlassen und dort hinziehen wollte. Er mußte daran denken, was sein Vater zu Großmutter Lora in Haifa gesagt hatte: »Natürlich hat sie es schwer. Eine Sprache tauscht man nicht einfach aus wie ein Paar Socken, das dauert lange.« Und dann hatte er leise hinzugefügt: »Glaubst du, daß es leicht ist, Heim und Familie zu verlassen?«

Die Großmutter war rot im Gesicht geworden, und ihre Hände hatten ein wenig gezittert, als sie die Porzellanschüssel mit der dampfenden Suppe auf den Tisch gestellt hatte. »Ich weiß, daß du gelitten hast, Izik«, hatte sie geflüstert, damit David es nicht hörte, »aber du warst es ja, der weggehen wollte. Du hast mir und Jakob keine Gelegenheit gegeben ...«

»Laß sein, ich hatte nicht die Absicht, das alte Thema aufzuwärmen«, hatte sein Vater sie unterbrochen und ihr seinen Suppenteller hingeschoben. »Und du brauchst dir keine Sorgen zu machen, Eli und ich sind glücklich miteinander.«

»Aber du hast gesagt, daß sie nach Norwegen zurückgehen möchte«, hatte die Großmutter erwidert und seinen Teller nachgefüllt.

»Es wird etwas dauern, aber am Ende wird sich Eli eingewöhnen, da bin ich mir sicher.« Sein Vater hatte David zugelächelt, der seinen Kopf im Suppenteller versteckt hatte. »Und wir werden immer zusammenbleiben, ich werde nicht zulassen, daß mir jemand meine Familie zerstört.«

Dieser Satz beruhigte David und verdrängte die Befürchtung, daß seine Mutter sie verlassen würde.

Wieso hat David das Gefühl, daß er als Fremder behandelt wird?
Wie merken die anderen im Kibbuz, daß Davids Mutter eine andere Religion hat?
Wie verhalten sie sich gegenüber David und seiner Mutter?
Nach dem Vorfall im Kindergarten will Davids Mutter wieder nach Norwegen zurück. Warum wohl?
Was weißt du über das Leben im Kibbuz?
Hast du schon einmal Situationen erlebt, in denen du ein Außenseiter warst?

Ankunft in Frankfurt

Ich heiße Lena und komme aus der großen Stadt Moskau. Meine Eltern, mein Bruder und ich wohnten in einer Vierzimmer-Wohnung. In Moskau gab es fast alles in Geschäften zu kaufen, es war aber sehr teuer. An einem Kaufhaus stand immer eine Schlange von Leuten. Sie war oft mehr als 15 m lang. Ich war meist draußen auf dem Hof und spielte mit meinen Freunden.

Papa und Mama beschlossen, nach Israel zu gehen, aber wir hatten erfahren, daß dort Krieg war und so fuhren wir nach Deutschland.

Um sechs Uhr morgens hielt der Zug an. Wir stiegen aus. Ich sah zum ersten Mal den Frankfurter Hauptbahnhof. Es war Ende November und mir war kalt. Mein Papa gab mir seine Jacke, denn ich hatte nur ein Hemd an.

Uns sollte jemand abholen und uns in ein Hotel bringen, aber es war niemand da. Wir blieben bis 14 Uhr im Hauptbahnhof, bis mein Vater und mein Bruder ein Hotel für uns fanden. Papa brachte unsere Sachen zu einem Lastwagen. Der war aber leider so klein, daß mein Bruder und ich mit der Straßenbahn fahren mußten. Leider fuhren wir in die falsche Richtung. Wir fragten die Menschen immer wieder, aber niemand zeigte uns den richtigen Weg. Endlich half uns ein Mann. Er ging mit uns wieder zu der Straßenbahn Nr. 11 und sagte, wann wir aussteigen müßten. An der Haltestelle, wo das Hotel war, wartete schon mein Vater. Er sagte: »Ich habe mir solche Sorgen um euch gemacht, ihr seid anderthalb Stunden weggewesen.«

Könnt ihr euch vorstellen, warum Lenas Familie ihre Heimat verlassen hat? Wie würdest du dich fühlen, wenn du mit deiner Familie in ein anderes Land ziehen würdest?
Hast du Freunde, die aus einem anderen Land kommen?

Jerusalem *von Inbal Klein*

Ich komme aus Jerusalem
zusammen mit Oma, Opa, Mama, Papa
und meiner Schwester
haben wir in einem Haus gewohnt
ich habe tausend Freunde gehabt
und hier in Deutschland
nur drei
mein Papa will hier arbeiten
aber ich will nach Israel
zurück
in der Schule weine ich
jeden Tag
weil ich Angst habe
daß keiner mich
abholt

Ich bin ein Stern

von Inge Auerbach

Sterne am Himmel, ein Stern auf der Brust.
Mama, ich weiß, ich hab's längst gewußt,
Kein Zeichen der Schande ist er, mein Stern,
Ich trag ihn mit Stolz, ich trage ihn gern.

Ein Stern als Lohn, der höchste Preis,
So war es immer, ja, Papa, ich weiß.
Es ist mir egal, was die anderen sagen,
Ich will ihn für mich und trotz allem tragen.
Ich bin ein Stern.

Wenn sie über mich lachen, wenn sie mich schelten,
für mich soll der Stern etwas anderes gelten.
Sie starren mich an, sie zeigen auf mich,
Sie sind ohne Stern, der Stern bin ich.

Sie sind von Gott, die Sterne der Nacht.
Auch mich, auch mich hat er gemacht.
Weine nicht, Mama, hör mein Versprechen,
Niemand wird meine Seele zerbrechen.
Ich bin ein Stern.

Tali Trödel und die kleine Hexe

Tali trödelt. Sie träumt, sie ist langsam und verliert bei allen Wettspielen. Eines Tages trifft sie Taluli. Das ist eine sehr kleine Hexe, die in einem Olivenbaum lebt. Taluli ist ganz schwarz gekleidet. Sie besitzt einen Besen, der mit Motorkraft fliegt, und ein Audiotink, mit dem sie Gedanken lesen kann. Taluli ist sehr mächtig. Sie kann von ihrer Zwergengestalt zu einer großen Hexe wachsen, und sie gebietet über einen Kater, eine Eule und über drei kleine Feldgeister, die sie verzaubert hat. Taluli hilft Tali. Sie gibt ihr Mut und Kraft. Tali wird das stärkste und schnellste Kind in ihrer Klasse. Und als Taluli ihr anbietet, Mitglied im geheimen Club der Hexen zu werden, unterschreibt Tali den Vertrag, ohne ihn durchzulesen ...

»Fertig!« sagte Tali. Sie legte ihren Stift in das Federmäppchen zurück und klappte es mit einem lauten Knall zu.

Sarah, die Lehrerin, hob einen Finger an den Mund, um Tali zu zeigen, daß sie leise sein sollte. Dann stand sie auf und kam auf Zehenspitzen zu Talis Bank.

Die anderen waren noch in ihre Arbeit vertieft.

Sarah nahm Talis Heft, und ihre Augen glitten über ihren Aufsatz. Er war kurz, aber weil Tali sehr groß geschrieben und viel Platz zwischen den Zeilen gelassen hatte, füllte er eine ganze Seite:

Mein Wunschtraum
Es ist mein Wunschtraum,
ein Pony mit Flügeln zu besitzen,
das mich überall hinträgt.
Ich wäre dann immer die erste
von allen,
und niemals würde ich
irgendwohin zu spät kommen.

Obwohl der Aufsatz so kurz

war, hielt Sarah das Heft lange Zeit in den Händen, bevor sie es wieder auf die Bank legte.

»Kann ich schon hinausgehen?« flüsterte Tali.

»Vielleicht schreibst du noch ein wenig dazu? Eine kleine Ergänzung?« schlug Sarah vor, und Tali begriff, daß sie nicht nach draußen durfte.

Sie öffnete ihr Mäppchen wieder, holte erneut den Bleistift heraus, aber zu schreiben begann sie nicht. Was gab es da noch zu ergänzen? Das Thema lautete: »Mein Wunschtraum«, und was sie geschrieben hatte, war haargenau das, wovon sie träumte.

Sie schaute sich um. Nama, die ihre beste Freundin war, schrieb noch. Auch Jossi, Adam und Hannah schrieben. Sie sah, daß Amira bereits zum zweitenmal eine Seite umschlug. Was hatte die so viel zu erzählen? Tali schaute nach draußen.

Durch das rechte Fenster, das sie das braune Fenster nannte, sah sie Erde, den bräunlichgrauen Stamm einer Steineiche und Felsbrocken. Plötzlich hob ein Gecko, der die gleiche bräunlichgraue Farbe hatte wie der Baumstamm, an dem er saß, seinen Kopf und wurde damit für Tali sichtbar. Als er ihn senkte, verschluckte der Stamm ihn wieder.

Tali wandte den Kopf nach links. In dem linken Fenster, das sie insgeheim das blaue Fenster nannte, sah sie ein großes Stück Himmel und das Tal, das von einem silbrigblauen Meer aus winzig kleinen Olivenbäumen

bedeckt war; sie sah die fernen, zartvioletten Hügel und ganz weit hinten einen Streifen richtiges Meer, das heute morgen so blau war wie die Augen von Borg.

Das blaue Fenster stand offen. Ein leichtes, warmes Lüftchen wehte in den Klassenraum hinein und wieder hinaus in den offenen Himmel.

Das Haar auf Talis Stirn flog hoch, schwebte in dem Lüftchen und wollte mit ihm hinausziehen. Aber es war an den Kopf des Mädchens geknüpft, das auch gerne geflogen wäre, aber zu groß und zu schwer dazu war.

Ein großer, brummender Käfer, einer von der Art, die die Kinder »Hubschrauber« nennen, flog vor dem offenen Fenster gegen den Wind.

»Alles fliegt!« dachte Tali, und ihr Blick folgte dem schwarzen Wesen, das genau vor ihren Augen beharrlich seine Runden drehte, als wollte es ihre Aufmerksamkeit erregen.

Plötzlich fiel es Tali wie Schuppen von den Augen! Staunend bemerkte sie ihren Irrtum.

Das war kein Käfer, was dort am Himmel kreiste! Ein kleines, schwarzes, geflügeltes Pferdchen war es! Und auf seinem Rücken saß ein schwarzer Reiter, hinter dem ein schwarzer Schleier aus Tuch oder Haaren wehte. Das fliegende Pferdchen galoppierte geradewegs in den Klassenraum. Tali konnte deutlich sehen, wie der winzige Reiter in die Flanken des Pferdchens schlug, damit es hineingaloppierte. Nun flog das Pferdchen in weiten Bahnen direkt unter der Decke des Klassenzimmers, und der Lärm, den es dabei machte, erinnerte tatsächlich an das Geräusch eines Spielzeughubschraubers. Es hörte sich an, als ob es von einem kleinen, summenden Motor betrieben würde. Da bemerkte Tali ihren zweiten Irrtum. Was da flog, war kein geflügeltes Pferdchen, sondern ein Besen. Ein winziger Besen mit einem zierlichen Propeller am Ende des Stieles, der sich so schnell drehte, daß seine kleinen Flügel einen runden, durchsichtigen Kreis beschrieben. Auf dem Besen konnte Tali ein Wesen in einer schwarzen Robe oder einem leichten, schwarzen Umhang erkennen, der hinter ihm herflatterte.

»Hubschrauber, Hubschrauber!« riefen die Kinder und vergaßen Hefte und Stifte.

Jossi stand sogar auf und versuchte, den summenden Käfer zu erwischen. Aber die Lehrerin klatschte energisch in die Hände. Alle mußten sich wieder an die Arbeit machen, denn der Unterricht war noch nicht zu Ende.

»Alles zu seiner Zeit!« sagte Sarah. »Morgen, bei unserem Ausflug, könnt ihr Insekten beobachten, solange ihr wollt. Heute, im Unterricht, wird geschrieben!«

Die Kinder beugten sich wieder über ihre Hefte, und die schwarze Kreatur fand das Fenster und flog nach draußen. Talis Herz klopfte noch immer heftig, als wollte es dem fliegenden Wesen (was immer es auch sein mochte) hinterher und es einholen. Es flog indes weiter und entfernte sich, bis es nur noch ein klitzekleiner Punkt war und schließlich ganz verschwand.

Sarah sammelte die Aufsatzhefte ein, um sie zu Hause nachzusehen, und bat um Ruhe.

»Ich möchte euch alle nochmals daran erinnern«, sagte sie, »daß wir morgen zu unserem Ausflug pünktlich starten. Das heißt, daß wir auf die Kinder, die zu spät kommen, nicht warten werden.«

Alle Kinder drehten sich um und sahen Tali an. Alle, bis auf diejenigen, die in den hinteren Bänken saßen. Die schauten sie von hinten an.

Die Lehrerin hatte zwar gesagt: »...die Kinder, die zu spät kommen...«, aber alle wußten genau, wen sie damit meinte. Auch Tali wußte, daß Sarah dabei an sie dachte.

»Ihr braucht keine Bücher und keine Hefte mitzubringen«, fügte Sarah hinzu, »aber denkt an Brote, Obst und Wasserflaschen.«

»Mit Wasser?« fragte Jossi, der die anderen zum Lachen bringen wollte. »Mit Eis«, antwortete Adam, und alle brachen in lautes Gelächter aus. Tali hatte zum letzten Ausflug eine Flasche voll Eis mitgenommen, und obwohl Sarah gesagt hatte, das sei eine prima Idee, und obwohl Tali den ganzen Ausflug über kühles, wohlschmeckendes Wasser trinken konnte, lachten immer noch alle, wenn das Wort »Eis« fiel. Alles, was Tali machte, brachte die Kinder zum Lachen.

Tali versuchte, nicht zu weinen, wenn man sich über sie lustig machte. Sie sah, daß Nama nicht mitlachte. Nama war eine gute Freundin. Wirklich! Aber Jossi ließ nicht locker. Er keuchte wie ein Mädchen, das hinter der Klasse herläuft und ruft: »Wartet doch! Wartet doch!«

Nun konnte auch Nama sich nicht mehr beherrschen und prustete mit den anderen los. Tali drehte sich um und sagte zu Jossi: »Du wirst schon noch sehen!«

Sie selbst konnte nichts mehr sehen. Tränen verschleierten ihren Blick auf die Klasse und den Weg ins Freie.

Am nächsten Morgen lief Tali zum vereinbarten Treffpunkt. Da sie sehr früh war, setzte sie sich unterwegs auf einen großen Stein, der zwischen zwei Olivenbäumen lag.

Und da sah sie das Loch im Stamm. Ein kleines Loch, aus dem sich eine dünne Rauchwolke kräuselte. Sie zögerte keine Minute. Sie zielte mit ihrer Feldflasche genau auf das Loch und goß vorsichtig und bedächtig etwas Wasser hinein.

In diesem Augenblick sprang etwas winziges Schwarzes auf die Rinde, und vor ihren Augen begann das Geschöpf (ja, es war ein Geschöpf) sich in die Länge und in die Breite auszudehnen, wie ein Bild auf einem Luftballon sich reckt und streckt, wenn man in ihn hineinbläst.

Tali sah, wie Arme entfaltet wurden, dann Beine, Kleider und der Hals. Als zwei rote, glühende Augen erschienen, war die Vergrößerung vollendet, ein schwarzer, runder Mund öffnete sich, und eine deutliche Stimme sagte: »Du warst das also, die mir Wasser in den Schornstein geschüttet und mein Feuer gelöscht hat, was?«

Tali verschlug es die Sprache.

»Behaupte nicht, daß du es nicht gewesen bist!« sagte das schwarze Geschöpf. »Du hast die Flasche noch in der Hand.«

Tali sagte nichts.

»Dir schlottern vor Angst ja die Knie«, sagte das schwarze Wesen und lachte. »Ich werde dir nichts tun, obwohl du das Feuer in meinem Kamin gelöscht, mein Holz naß gemacht und mein Brot verdorben hast, das gerade heute so schön aufgegangen war.«

Tali sagte immer noch nichts. Sie betrachtete die Gestalt, die wie ein Scherenschnitt aussah. Sie war pechschwarz und ganz flach. Rock, Hemd, Tuch, die mageren Hände und die dürren Finger, Gesicht, Nase, alles war tiefschwarz, nur Augen und Haare waren feuerrot. Sie sagte: »Na? Willst du mir nicht sagen, wie du heißt?«

»Ich heiße Tali«, sagte Tali mit ängstlicher Stimme.

Das Wesen brach in lautes Gelächter aus.

»Was ist daran so witzig?« fragte Tali beleidigt.

Tali wollte gehen.

»Warum beeilst du dich?« rief Taluli ihr hinterher. »Du schaffst es ohnehin nicht mehr. Ich sehe sie schon losgehen.«

Eine Schlange von Kindern verließ den Schulhof, und Sarah, die Lehrerin, führte sie an. Tali rannte davon. Aber die Kinder waren verschwunden, noch bevor Tali die Hälfte des Weges zurückgelegt hatte. Sie setzte sich auf die holprige Erde und weinte. Sie hatte wieder einmal den Ausflug verpaßt. Was würden die anderen wohl wieder über sie sagen?

»Es muß nicht jedesmal so sein«, sagte Taluli.

»Was meinst du?« fragte Tali.

»Na, was du gerade über die anderen Kinder gedacht hast.«

Tali staunte. »Woher weißt du, was ich gedacht habe? Konntest du meine Gedanken denn hören?« fragte Tali.

»Durch Zufall habe ich mein Abhörgerät bei mir«, sagte Taluli. Sie zog so etwas wie einen trichterförmigen, biegsamen Korken aus ihrem Ohr und zeigte ihn Tali. Der Korken war mit einem Kabel an einem Gerät befestigt, an dem eine winzige Batterie klemmte.

Aus dem Gerät drang die Stimme der Gedanken. Sie klang ganz anders als die gewöhnliche Sprache. Aber Tali verstand jeden Ton. Talulis Gedanken lauteten:

»Tali ist ein liebes Mädchen. Ich möchte ihre Freundin sein.«

»Das hast du absichtlich gedacht, weil du wußtest, daß ich es hören kann«, sagte Tali.

Taluli lachte. »Was für ein kluges Kind du bist. Und du hast gute Ohren und ein scharfes Auge.«

Tali entfernte den Stöpsel aus ihrem Ohr.

»Das Ding nervt«, rief sie.

»Da ist was dran!« pflichtete Taluli ihr bei. »Ich will auch nicht immer wissen, was andere über mich denken. Manchmal wäre es mir am liebsten, gar nichts zu wissen.« Sie schloß ihre Augen und hielt sich die Ohren zu. »Manchmal möchte ich nichts als fliegen, so wie ein Blatt im Wind.« Dann fuhr sie mit veränderter Stimme fort: »Du bist aber hartnäckig, Tali. Schon wieder denkst du an die Kinder und den Ausflug.«

»Stimmt«, gab Tali zu. »Ich kann einfach nicht anders.«

»Schade«, sagte Taluli. »Ich wollte dir gerade vorschlagen, eine Runde zu drehen.«

»Eine Runde?« fragte Tali verwundert.

»Auf meinem geflügelten Pferdchen«, lachte Taluli und wandte sich an den Besen: »Verzeihung, Gnädigster, du bist mir lieber als ein Pony. Ein Pony macht Dreck, du hingegen machst sauber.«

Talulis kleiner Besen streckte sich und zog sich aus wie Onkel Iziks Angelrute.

»Halt dich gut fest!« sagte Taluli und hob ab.

Das Gefühl war herrlich. Schwindelerregend, wie auf dem Riesenrad im Vergnügungspark. Vielleicht sogar noch aufregender. Der Besen stieg höher und höher. Einen Augenblick lang wußte Tali nicht, wo sie sich befanden. Taluli zog weite Kreise über das Dorf wie die Schwärme von Staren im Frühjahr. Aber sie waren kein Vogelschwarm, sondern zwei auf einem Besen.

Das Blau um sie schien unendlich weit. Selbst das Dorf unter ihnen sah bläulich aus wie die entfernten Hügel am Horizont.

»Echt stark, was?« schrie Taluli.

Tali schwieg. Ihr Herz raste, als wäre sie eine lange Strecke gelaufen. Konnte Talulis Gerät auch die Stimme des Herzens empfangen?

Tali faßte Taluli fest an den Hüften, und ohne irgendeinen Apparat konnte sie spüren, daß auch Taluli sehr glücklich war. Nun machte es Tali nichts mehr aus, daß sie den Ausflug verpaßt hatte. Sie vergaß die anderen Kinder vollkommen, sogar Nama, die ihre beste Freundin war.

Taluli flog tiefer, in einer immer enger werdenden Spirale, bis sie schließlich landete. Tali sah, daß sie sich auf dem Hasenfelsen im Wadi befanden.

»Na, wie war's?« fragte Taluli.

Tali lächelte.

»Schon gut, schon gut!« sagte Taluli. »Du brauchst nicht gleich so zu brüllen. Ich wußte, wie wunderbar du es finden und daß du begeistert von mir sein würdest.«

Tali war verblüfft. Sie hatte gar nicht bemerkt, daß sie so etwas gedacht hatte. Aber anscheinend empfing Taluli auch die zartesten Gedanken. Auch die, die Tali selbst nicht wahrnahm.

»Merk dir!« sagte Taluli. »Nicht jeden lade ich zu einem

Rundflug ein, und nicht immer kann man auf die Pauke hauen. Versprechen tue ich dir nichts. Kann sein, daß dies die erste und die letzte Runde war.«

Tali fiel ein, was sie schuldig war, und sie sagte: »Danke, Taluli.«

»Tschüß!« rief Taluli.

Der Besen summte, und etwas Kleines, Schwarzes, kaum Wahrnehmbares, kreiste über Talis Kopf. Die Kinder, die in diesem Augenblick um die Kurve kamen, dachten, daß ein großer brummender Käfer, einer von denen, die man Hubschrauber nennt, über ihnen in der Luft schwirrte, aber Tali wußte, daß es Taluli war, die sich von ihr verabschiedete.

Alles war ganz anders als sonst.

Nama sah sie als erste und rief: »Seht mal! Da ist ja Tali! Wie bist du denn hierher gekommen?«

Die Kinder scharten sich um sie, und Sarah lachte vor Freude. Sie sagte mindestens dreimal: »Oh, wie schön! Mir fällt ein Stein vom Herzen.« Und immer wieder: »Die Überraschung ist dir gelungen, Tali. Wie in der Geschichte vom Hasen und dem Igel. Wir dachten, du bist dort, und nun bist du schon hier.«

Nama sagte zu Jossi: »Siehst du, du hast dich geirrt.« Und zu Tali sagte sie: »Jossi hat behauptet, daß er dich an der Ecke bei den Olivenbäumen gesehen hat, als wir aufgebrochen sind. Siehst du, Jossi, was für einen Unsinn du quatschst!«

Jakob lachte nicht. Er sagte zu Adam: »Beim nächsten Ausflug gehen wir vor und überraschen alle.« Und Adam war einverstanden. Wie immer.

Tali wollte etwas sagen, aber sie schluckte es hinunter. Was hätte sie auch erzählen sollen? Daß in dem Olivenbaum ein schwarzes Wesen hauste, mit dem sie auf einem Besen hergeflogen war? Wer würde ihr diese Geschichte glauben? Man würde sie bloß eine Lügnerin nennen.

Sie bückte sich und sammelte trockene Samenhüllen, Tonscherben und schöne Steine, und als die Kinder zurück in den Klassenraum kamen, drehten sie ihre Taschen um und breiteten ihre Beute auf den Bänken aus. Talis Schätze waren mindestens so schön wie die der anderen. Und so vergaß sie Taluli.

Warum bringt Tali die anderen ständig zum Lachen? Gefällt dir diese Rolle?

Tali erhält von der Hexe Hexenkraft und kann plötzlich verrückte Dinge tun. Was würdest du tun, wenn du solche Kräfte hättest?

Es war einmal ein Mann, der ging spazieren, da verlor er seine Handschuhe.

Da kam er an einen Blick und warf ein Haus hinein.

Da saßen vier Stühle auf vier Herren. Da nahm er seinen Tag ab und sagte:

"Guten Hut meine Herren, haben sie nicht meine Fund gehandschuht?"

Da herrten die Lachen an zu fingen, bis ihnen der Platz bauchte;

er hatte nämlich die Taschen aus den Handschuhen hängen! © Amin

Kapitel III

TIER, NATUR, UMWELT

Der Blumenschmuck

An der Grenze einer großen Stadt, dort, wo schon der Wald beginnt, steht ein kleines, nettes Häuschen mit der großen Aufschrift: »Mädchenheim«. In diesem wohnen wohl zwanzig Mädchen, die so groß sind, daß manchmal jemand zu ihnen »Fräulein« sagt. Sie alle sind von ihren Eltern in die große Stadt geschickt worden, damit sie dort etwas Tüchtiges lernen.

Kinderheim für Mädchen

Eines Tages sagte die Lehrerin: »Kinder, ihr wißt wohl, daß morgen abend das Schawuotfest beginnt. An diesem Festtage brachte man in Jerusalem die Erstlinge der Gerste und verschiedener Früchte zum Opfer dar. Bei uns aber ist um diese Zeit die Gerste noch lange nicht reif. Nur einige Blumen gibt es schon. Deshalb pflegen wir an diesem Tage Haus und Tempel mit Blumen zu schmükken. Ich gebe euch morgen frei. Jede darf allein ins Wäldchen, selbstverständlich nicht weiter als bis zur Straße, die hindurchführt, und welche dann abends ihr Bett und ihr Tischchen am schönsten geschmückt hat, die soll ein hübsches Buch erhalten.«

Wochenfest im Frühsommer, eins der drei Wallfahrtsfeste

jüdisches Gotteshaus

Da gab es hellen Jubel, und am nächsten Morgen waren alle Mädchen frühzeitig aus den Federn.

Schon nach wenigen Stunden waren Betten und Tischchen reich mit Blattketten geschmückt, in denen viele Blümchen eingeflochten waren, und in der Mitte jedes Tischchens stand in einem Glas ein großer Blumenstrauß.

Lilly glaubte, daß sie bestimmt den Preis bekäme, denn

sie hatte nur blaue Blumen ausgewählt, und das kam ihr besonders schön vor. Herta hatte sich Pfingstrosen und Akazienblüten zu verschaffen gewußt, und deshalb war ihr Blumenstrauß besonders auffallend. Dina wieder hatte mehr Ketten gemacht und mehr Blumen gesammelt als irgend eine ihrer Freundinnen. Deshalb hofften auch diese beiden, ebenso wie manches andere Mädchen, das Buch zu erhalten.

Mirjam aber, die sonst als die Klügste galt, wurde ausgelacht. Auf ihrem Tischchen stand nämlich nur ein bescheidenes Maiglöckchen in einem Blumentopf und in ihre Blattketten war nicht ein einziges Blümchen eingeflochten.

»Ei, welche Pracht! Du hast uns alle besiegt.«

»Dein Schönheitssinn ist bewundernswert«, spotteten ihre Freundinnen.

Endlich kam die Lehrerin, um all die Pracht zu besehen. Nachdem sie manches Lob ausgesprochen, fragte sie Mirjam:

»Wie kommt es, daß du dein Bett und dein Tischchen so besonders bescheiden geschmückt hast?«

Mirjam errötete und schwieg.

»Du mußt doch einen Grund hierzu gehabt haben«, drängte die Lehrerin.

»Ich wollte zuerst auch Blumen pflücken«, erzählte Mirjam, »aber morgens war fast auf jeder Blüte eine kleine silbern schimmernde Tauperle.

Wenn ich ein Blümchen abgerissen hätte, wäre dieser herrliche Schmuck verloren gegangen. Als später der Tau verdunstet war, wollte ich dennoch nicht so viele Blumen ausreißen und dann verwelken lassen. Nur das eine Maiglöckchen habe ich mit Blatt und Wurzel ausgegraben und im Topf eingesetzt.«

»Wer glaubt ihr«, fragte nun die Lehrerin, »verdient den Preis?« Alle Mädchen schwiegen, und endlich meinte eines, jede sollte heimlich den Namen derjenigen auf einen Zettel schreiben, deren Dekoration ihr am besten gefiele. Das Mädchen, dessen Name am öftesten genannt sein würde, solle das Buch erhalten.

»Nein«, sagte aber Lilly. »Unser Blumenschmuck ist wohl schöner, Mirjam jedoch hat die Schönheit der Blumen tiefer empfunden als wir. Und daß sie keine abgerissen hat, das war ein Dankopfer wie das der alten Juden, welche die schönsten und besten Erstlingsfrüchte am Altar dargebracht haben.«

Einige Mädchen, die den Preis erhofft hatten, machten lange Gesichter, aber schließlich stimmten sie doch, ebenso wie die anderen Mädchen, Lilly bei.

Eine Kindergruppe mit ihren Erzieherinnen vor dem Mädchenheim des Jüdischen Frauenbundes in Neu-Isenburg

Dieser Text stammt aus einem Kinderbuch, das vor ca. 70 Jahren entstanden ist. Lest die Sätze vor, die euch »komisch« vorkommen. Könnt ihr sie anders ausdrücken?

Warum findet Lilly Mirjams Dekoration am besten?

Pipsi

In einer kleinen Stadt lebten viele Juden zusammen. Die kleinen Häuser hatten alle einen Hof, es gab einen Bach und viele Wiesen und es war einfach, Hühner und Gänse zu halten.

Samstag

Auch die Löwys hatten einen großen Hühnerhof und zum Schabbat gab es immer einen guten Braten oder eine köstliche Suppe. Eines Tages sollte das Lieblingshuhn von Benjamin an die Reihe kommen, es war alt und gab längst keine Eier mehr. Benjamin wollte nichts davon wissen, mußte am Ende aber seiner Mutter gehorchen.

Schlachter

»Dann will ich Pipsi selbst zum Schächter tragen«, rief er, denn es war ihm, als ob er so der weißen Henne mit dem schwarzen Kopf noch zum letzten Male etwas Liebes tun könnte.

Am nächsten Morgen gab ihm nun wirklich die Mutter Pipsi in die Hand. Er duldete nicht, daß der Henne die Füße zusammengebunden würden, denn er wußte, daß sie sich auch so ruhig von ihm tragen ließ. Langsam, traurig ging er mit seiner Pipsi dahin. Sollte er nicht doch zurückgehen und der Mutter sagen, er könne seinen Liebling nicht töten lassen. Aber nein, dann würde das Dienstmädchen geschickt werden. Da wollte er doch lieber selbst gehen. Der Schächter war ja sein lustiger Onkel Simon, der ihn so gern hatte. Er wollte den Onkel

Schlachten entsprechend den jüdischen Vorschriften

bitten, dem Pipsi beim Schächten nur ganz wenig wehe zu tun.

Der Weg zum Schächter führte über den großen Platz, auf dem an jedem Freitag Markt abgehalten wurde. Da standen auch viele Bauern, die Hühner zum Kaufe anboten.

»Nein, ich will es nicht sehen«, dachte Benjamin, »wenn

mein Pipsi getötet wird. Am besten wäre es, wenn ich Pipsi verkaufen und für das erhaltene Geld eine andere weiße Henne mit schwarzem Kopf kaufen würde. Die will ich dann schächten lassen. Kein Mensch wird merken, was ich getan habe.«

Er stellte sich mit seinem Huhn in die Reihen der Verkäufer, worüber niemand staunte, denn es kam in dem Städtchen öfter vor, daß ein Jude, wenn er Geld benötigte, einen seiner Familienangehörigen mit Hühnern auf den Markt sandte. Bald kam auch eine Frau,

die Benjamins Henne kaufen wollte. Der Knabe nannte ungefähr die richtige Summe, denn er kannte die Preise der Hühner. Doch sehr verwundert war die Frau, daß Benjamin, ehe er das Huhn übergab, dieses tränenden Auges küßte. Lange, lange sah er dann der Käuferin nach, die sein Pipsi forttrug.

Nun suchte Benjamin den ganzen Markt ab, nirgends aber erblickte er eine weiße Henne mit schwarzem Kopf.

»Nun, so will ich eine andere Henne kaufen«, dachte er. »Die Eltern werden mir schon verzeihen, wenn ich ihnen alles erzähle und es morgen doch einen Schabbatbraten gibt.«

Bald sah er auch, daß er Pipsi doch ein wenig zu billig abgegeben haben mußte, denn mit dem erhaltenen Geld vermochte er nur ein viel kleineres schwarzes Huhn zu erstehen.

Langsamer noch als zuvor setzte er den Weg zum Onkel Simon fort.

Er fürchtete sich nicht nur vor der Strafe daheim, sondern hätte auch diese fremde Henne gern nicht schächten lassen.

Im Hofe des Schächters standen viele Frauen, Dienstmädchen und auch einige Jungen mit Hühnern, Gänsen und Truthühnern, denn am Schabbat will jeder einen guten Braten haben. Benjamin stellte sich in die äußerste Ecke des Hofes. Endlich kam Onkel Simon. Aber der lief ihm nicht wie sonst entgegen, denn der Onkel kam mit einem schmalen Messer aus seiner Wohnung, das er an einem Steine schliff. Benjamin bekam riesige Angst um sein Hühnchen und rasch entschlüpfte er durch eine kleine Tür ins Freie. Was sollte er nun aber beginnen? Mit dem großen weißen Pipsi war er fortgegangen und mit einer viel kleineren, schwarzen Henne kam er nun nach Hause. Und auch die war nicht geschächtet! Langsam machte er sich auf den Weg. Da merkte er, daß die Henne in seinem Arm sehr unruhig war. »Armes Tier«, dachte er, »wie fest haben sie deine Beine zusammengebunden! Das muß dich doch schmerzen! Ich will die Schnur lösen; aber ich werde dabei recht vorsichtig sein.«

So vorsichtig er aber auch den Faden aufband, husch, entwischte ihm die Henne und flatterte über einen Zaun! Benjamin war aber flink und gewandt und schon kletterte er auf der Umzäunung empor. In seinem Eifer merkte er gar nicht, daß er sich an einem Nagel die Hose zerriß. Auf der eingefriedeten Wiese versuchte er nun lange vergebens, die schreiende, flüchtende Henne zu erhaschen. Einmal schlüpfte sie zwischen seinen Füßen hindurch und plumps, lag er am Boden. Endlich fing er das Tier aber doch und kroch mit ihm durch ein Loch im Zaun, das er während des Hin- und Herjagens erblickt hatte.

Mit der einen Hand hielt er die Henne fest an seine Brust gedrückt, mit der anderen verdeckte er den Riß in der Hose.

Was wird wohl die Mutter zu all dem sagen und erst am Abend der Vater!

Jämmerlich weinend kam er zu Hause an.

»Was ist geschehen? Benjamin, was ist dir?« fragte die Mutter erschrocken. Nachdem er sich etwas beruhigt hatte, erzählte er schluchzend, was ihm mit Pipsi und mit der schwarzen Henne begegnet war. Die Mutter streichelte ihn während seiner Erzählung und zweimal gab sie ihm sogar einen Kuß.

»Aber wo ist die schwarze Henne jetzt?« fragte sie dann und lachte laut auf, als sie sah, daß das Huhn auf dem Küchentisch stand und ruhig aus einer Schüssel Bohnen und Gerstel fraß, die zur Bereitung einer Schabbatspeise bestimmt waren.

»Weil du so viel Mitleid mit den Tieren hast«, tröstete die Mutter, »soll diese Henne bei uns bleiben und nicht ge- schächtet werden. Nicht wahr, sie soll jetzt unser Pipsi sein.«

Da fiel Benjamin der Mutter um den Hals und küßte sie voll Freude.

An diesem Schabbat kam kein Hühnerbraten auf den Tisch der Familie Löwy und es gab nur allerlei andere gute Sachen.

Schon nach einigen Tagen freute sich auch die Mutter über ihren Entschluß, das schwarze Huhn am Leben gelassen zu haben, denn das neue Pipsi legte sehr viel Eier.

Schreibe einen Brief, in dem du berichtest, wie bei dir der Schabbat vorbereitet wird?

Woher kommt das Fleisch, das bei dir zu Hause gegessen wird? Wie werden Tiere geschlachtet?

Was hättest du gemacht, wenn dein Lieblingstier geschlachtet werden soll?

Versucht, aus dieser Geschichte ein Schattenspiel zu machen.l

Siegfried Abeles *wurde am 15. Januar 1884 in Wien geboren. Bereits mit 18 Jahren schrieb er Geschichten für Zeitungen, die häufig unter* Pseudonymen *erschienen. Er wurde Lehrer und arbeitete vorwiegend mit geistig oder körperlich behinderten Kindern. Als er 31 Jahre alt war, unterrichtete er in einem Blindenheim und schrieb ein Buch über hebräische Blindenschrift. Weil er sich darüber ärgerte, daß es keine guten jüdischen Kindergeschichten gab, fing er an, selber welche zu schreiben. Mit 37 Jahren (1921) gewann er alle drei Preise eines Preisausschreibens des Jüdischen Hochschulausschusses in Wien. Diese Geschichten wurden unter dem* Titel *»Tams Reise durch die jüdische Märchenwelt« veröffentlicht. Am 1. Juli 1937 ertrank Siegfried Abeles in der Donau.*

erfundene Namen

Name eines Buches

91

Zlateh die Geiß

Lichterfest im Dezember

Zur Chanukkah-Zeit ist die Straße vom Dorf in die Stadt gewöhnlich mit Schnee bedeckt, aber in diesem Jahr war der Winter mild gewesen. Chanukkah nahte, aber nur wenig Schnee war gefallen. Meistens schien die Sonne. Die Bauern klagten, weil das Wintergetreide wegen des trockenen Wetters nur eine magere Ernte versprach. Neues Gras sproß, und die Bauern trieben ihr Vieh auf die Weide.

Für Ruben den Pelzhändler war es ein schlechtes Jahr, und nach langem Zögern entschloß er sich, Zlateh die *Ziege* Geiß zu verkaufen. Sie war alt und gab nur noch wenig Milch. Der Stadtmetzger Feivl hatte acht Gulden für sie geboten. Für diese Summe konnte man Chanukkah-Kerzen kaufen, Kartoffeln und Öl für die Pfannkuchen, Geschenke für die Kinder und andere Dinge, die zu Feiertagen im Hause nötig sind. Ruben befahl seinem ältesten Sohn Aaron, die Geiß in die Stadt zu bringen. Aaron verstand, was es hieß, die Geiß zu Feivl zu bringen, aber er gehorchte seinem Vater. Leah, seine Mutter, wischte sich Tränen vom Gesicht, als sie die Neuigkeit hörte. Aarons jüngere Schwestern, Anna und Mirjam, weinten laut. Aaron zog seine gesteppte Jacke an und setzte die Mütze mit den Ohrenklappen auf, band einen Strick um Zlatehs Hals und steckte zwei Käsebrote ein, die er unterwegs essen wollte. Aaron sollte die Geiß abends abliefern, die Nacht über bei den Metzgersleuten bleiben und am anderen Tag mit dem Geld zurückkehren.

von Isaac B. Singer

Während sich die Familie von der Geiß verabschiedete und Aaron den Strick an ihrem Hals zurechtrückte, stand Zlateh geduldig und gutmütig wie immer da. Sie leckte Ruben die Hand. Sie schüttelte ihren dünnen, weißen Bart. Zlateh vertraute den Menschen. Sie wußte, daß sie immer gefüttert wurde und man ihr niemals etwas zuleide tat.

Als Aaron sie auf die Straße zur Stadt brachte, schien sie etwas erstaunt zu sein. Sie war nie zuvor in diese Richtung geführt worden. Fragend schaute sie zu ihm zurück, als wollte sie sagen: »Wohin führst du mich?« Aber nach einer Weile war sie wohl zu dem Ergebnis gekommen, daß eine Geiß keine Fragen stellen sollte. Dennoch, dieser Weg war anders als die gewohnten. Sie kamen an neuen Feldern, Weiden und strohgedeckten Hütten vorbei. Ab und zu bellte ein Hund und rannte hinter ihnen her, aber Aaron verjagte ihn mit seinem Stock.

Die Sonne schien, als Aaron das Dorf verlassen hatte. Plötzlich änderte sich aber das Wetter. Eine große schwarze Wolke, blau in der Mitte, zog von Osten auf und breitete sich rasch über den ganzen Himmel aus. Kalter Wind blies. Tief flogen krächzend die Krähen. Zuerst sah es so aus, als wollte es regnen, aber dann fing es wie im Sommer zu hageln an. Es war noch früh am Tag, aber es wurde dunkel wie zur Dämmerung. Nach einer Weile löste Schnee den Hagel ab.

Aaron hatte in seinen zwölf Jahren schon jedes Wetter gesehen, aber einen Schneefall wie diesen hatte er noch nicht erlebt. Die Schneeflocken fielen so dicht, daß das Tageslicht verlöschte. Nach kurzer Zeit war der Weg völlig bedeckt. Eisiger Wind kam auf. Die Straße zur Stadt war eng und gewunden. Aaron wußte nicht mehr, wo er war. Er konnte durch den fallenden Schnee nicht hindurchschauen. Die Kälte durchdrang bald seine gesteppte Jacke.

Zuerst schien Zlateh den Wetterwechsel gar nicht zu beachten. Auch sie war zwölf Jahre alt und wußte, was Winter bedeutet. Aber als ihre Beine immer tiefer und tiefer im Schnee einsanken, drehte sie den Kopf und schaute Aaron verwundert an. Ihre sanften Augen schienen zu fragen: »Warum sind wir bei so einem Sturm draußen?« Aaron hoffte, daß ein Bauer mit seinem Marktwagen daherkäme, aber keiner kam.

Der Schnee fiel dichter in großen Flocken auf den Boden. Aaron spürte unter seinen Stiefeln weiches, gepflügtes Feld. Er merkte, daß er vom Weg abgekommen war. Er konnte weder Osten feststellen noch Westen, wo das Dorf lag und wo die Stadt. Der Wind pfiff und heulte und trieb den Schnee in Wirbeln umher. Es sah aus, als ob weiße Kobolde über den Feldern Fangen spielten. Weißer Staub wirbelte auf. Zlateh stand still. Sie konnte nicht mehr laufen. Widerspenstig stemmte sie ihre gespaltenen Hufe in den Boden und meckerte, als ob sie darum bitten wollte, nach Hause geführt zu werden. Eiszapfen hingen von ihrem weißen Bart herunter, und ihre Hörner glänzten vom Eis.

böse, häßliche kleine Wesen

Aaron wollte die Gefahr nicht zugeben, aber er wußte trotzdem, daß sie erfrieren würden, wenn sie keinen Unterschlupf fanden. Das war kein gewöhnlicher Sturm. Das war ein Blizzard, der schlimmste Schneesturm. Der Schnee reichte ihm bis zu den Knien. Seine Hände waren erstarrt, und seine Zehen konnte er nicht mehr spüren. Wie Holz fühlte sich seine Nase an, und er rieb sie mit Schnee ein. Zlatehs Meckern hörte sich wie

Weinen an. Diese Menschen, denen sie so sehr vertraut hatte, hatten sie in eine Falle geführt.

Aaron begann zu Gott zu beten, für sich selbst und für das unschuldige Tier.

Plötzlich erkannte er die Form eines Hügels. Was das wohl sein mochte? Wer hatte den Schnee zu so einem riesigen Haufen aufgetürmt? Zlateh hinter sich her zerrend ging Aaron darauf zu. Als er näher kam, sah er, daß es ein großer Heuhaufen war, den der Schnee zugedeckt hatte.

Aaron begriff sofort, daß sie gerettet waren. Unter großer Anstrengung grub er sich einen Weg durch den Schnee. Er war ein Dorfjunge und wußte, was zu tun war. Als er das Heu erreicht hatte, höhlte er ein Nest für sich und die Geiß aus. Wie kalt es draußen auch sein mag, im Heu ist es immer warm. Und Heu war Futter für Zlateh. Kaum hatte sie es gerochen, so war sie zufrieden und begann zu fressen. Draußen fiel weiter Schnee. Schnell deckte er den Durchgang wieder zu, den Aaron gegraben hatte. Aber ein Junge und ein Tier müssen atmen, und es war kaum Luft in ihrem Versteck. Aaron bohrte eine Art Fenster durch das Heu und den Schnee und hielt das Loch sorgfältig frei. Nachdem Zlateh sich satt gegessen hatte, setzte sie sich auf die Hinterbeine. Sie schien ihr Vertrauen in die Menschheit wiedergewonnen zu haben. Aaron aß seine zwei Käsebrote, aber nach dieser mühsamen Reise war er noch hungrig. Er schaute Zlateh an und bemerkte, daß ihre Euter voll waren. Er legte sich so neben sie hin, daß er sich die Milch in den Mund melken konnte. Die Milch war fett und schmeckte süß. Zlateh war es zwar nicht gewohnt, auf diese Weise gemolken zu werden, aber sie wehrte sich nicht. Im Gegenteil, sie schien Aaron dafür belohnen zu wollen, daß er sie in einen Unterschlupf geführt hatte, dessen Wände, Boden und Decke aus lauter Futter für sie bestand.

Durch das Loch konnte Aaron einen Blick nach draußen werfen. Der Wind trieb Schneeschauer vorbei. Es war stockdunkel, und er wußte nicht, ob es schon Nacht geworden war, oder ob der Schneesturm die Dunkelheit verursachte. Gott sei Dank war es im Heu nicht kalt. Das getrocknete Heu, Gras und Feldblumen, strömte die Wärme der Sommersonne aus. Zlateh fraß in einem fort; sie knabberte oben und unten, links und rechts. Ihr Körper gab Wärme ab,

und Aaron kuschelte sich eng an sie. Er hatte Zlateh schon immer gern gehabt, aber jetzt war sie wie eine Schwester. Er war allein, von seiner Familie abgeschnitten, und er wollte reden. So sprach er mit Zlateh.

»Zlateh, was meinst du wohl, was aus uns werden wird?« fragte er.

»Mäh«, antwortete Zlateh.

»Wenn wir den Heuhaufen nicht gefunden hätten, wären wir beide jetzt schon steif gefroren«, sagte Aaron.

»Mäh«, antwortete Zlateh.

»Wenn weiter so viel Schnee fällt wie jetzt, müssen wir tagelang hier bleiben«, erklärte Aaron.

»Mäh«, meckerte die Geiß.

»Was bedeutet ‚Mäh'?« fragte Aaron. »Du solltest deutlicher sprechen.«

»Mäh, mäh«, war die Antwort der Geiß.

»Gut, lassen wir's bei ‚Mäh'«, sagte Aaron geduldig. »Du kannst nicht sprechen, aber ich weiß, du verstehst mich. Ich brauche dich und du brauchst mich, nicht wahr?«

»Mäh.«

Aaron wurde schläfrig. Er machte sich aus etwas Heu ein Kissen, lehnte den Kopf dran und schlummerte ein. Zlateh schlief auch.

Als Aaron die Augen öffnete, wußte er nicht, ob es Morgen oder Nacht war. Der Schnee hatte sein Fenster verstopft. Er versuchte es freizulegen, aber als er seinen Arm ganz hineingebort hatte, war er noch immer nicht draußen angelangt. Glücklicherweise hatte er seinen Stock bei sich und konnte so durchstoßen. Draußen war es immer noch dunkel. Schnee fiel, und der Wind heulte, zuerst mit einer Stimme und dann mit vielen. Manchmal klang es wie teuflisches Gelächter. Zlateh wachte auch auf, und als Aaron sie begrüßte, antwortete sie: »Mäh.« Ja, Zlatehs Sprache bestand nur aus einem Wort, aber das bedeutete so vieles. Jetzt sagte sie: »Wir müssen alles annehmen, was Gott uns gibt. Hitze, Kälte, Zufriedenheit, Licht und Dunkelheit.«

Aaron war hungrig aufgewacht. Er hatte seine Brote gegessen, aber Zlateh gab noch viel Milch.

Drei Tage blieben Aaron und Zlateh in dem Heuhaufen. Aaron hatte Zlateh schon immer gern gehabt, aber in diesen drei Tagen gewann er sie noch viel lieber. Sie nährte ihn mit ihrer Milch und half ihm, warm zu bleiben. Sie ermutigte ihn mit ihrer Geduld. Er erzählte ihr viele Geschichten, und immer spitzte sie die Ohren und hörte zu. Wenn er sie streichelte, leckte sie ihm Gesicht und Hände. Dann sagte sie: »Mäh.« Und er wußte, das bedeutete: Ich hab' dich lieb.

Drei Tage fiel der Schnee, wenn auch nach den ersten Tagen nicht mehr so dicht, und der Wind hatte sich gelegt. Manchmal war es Aaron, als habe es niemals einen Sommer gegeben, als sei schon immer Schnee gefallen, solange er sich erinnern konnte. Er hätte niemals Vater und Mutter gehabt. Er wäre ein Schneekind, vom Schnee geboren, und Zlateh auch. Es war so ruhig im Heu, daß es bei dieser Stille in seinen Ohren brauste. Aaron und Zlateh schliefen die ganze Nacht und einen guten Teil des Tages. In Aarons Träumen war immer warmes Wetter. Er träumte von grünen Feldern, blühenden Bäumen, klaren Bächen und singenden Vögeln. In der dritten Nacht hörte es zu schneien auf, aber Aaron wagte es nicht, in der Dunkelheit den Heimweg zu finden. Der Himmel wurde klar, der Mond schien und warf silberne Netze über den Schnee. Aaron grub sich aus und schaute sich die Welt an. Alles war weiß, ruhig, und träumte Träume von himmlischer Herrlichkeit. Groß und nah waren die Sterne. Der Mond schwamm am Himmel wie in einem See.

Am Morgen des vierten Tages hörte Aaron das Klingeln von Schlittenglocken. Der Heuhaufen lag nicht weit von der Straße. Der Bauer, der den Schlitten fuhr, zeigte ihm den Weg - nicht in die Stadt und zum Metzger Feivl, sondern heim ins Dorf. Aaron hatte im Heuhaufen beschlossen, sich niemals mehr von Zlateh zu trennen.

Aarons Familie und die Nachbarn hatten nach ihm und der Geiß gesucht, aber während des Sturms war keine Spur von ihnen zu finden. Sie fürchteten, daß sie verloren waren. Aarons Mutter und Schwestern beweinten ihn, sein Vater blieb still und traurig. Plötzlich kam einer der Nachbarn mit der Nachricht gerannt, daß Aaron und Zlateh die Straße herauf kämen.

Große Freude herrschte in der Familie. Aaron erzählte ihnen, wie er den Heuhaufen gefunden und wie Zlateh ihn mit ihrer Milch genährt hatte. Aarons Schwestern küßten und umarmten Zlateh und gaben ihr etwas ganz besonders Gutes zu fressen: geschnitzelte Rüben und Kartoffelschalen, die Zlateh hungrig verschlang.

Niemand dachte jemals wieder daran, Zlateh zu verkaufen. Und nun, da das kalte Wetter endgültig eingesetzt hatte, brauchten die Dorfleute auch wieder Ruben des Pelzhändlers Dienste. Als Chanukkah kam, konnte Aarons Mutter jeden Abend Pfannkuchen backen, und Zlateh bekam auch ihren Teil. Obgleich Zlateh ihren eigenen Stall hatte, kam sie oft in die Küche. Sie klopfte dann mit ihren Hörnern an die Tür, um anzuzeigen, daß sie einen Besuch machen wollte, und sie wurde immer hereingelassen. Am Abend spielten Aaron, Mirjam und Anna das Glückskreiselspiel. Zlateh lag neben dem Ofen und beobachtete die Kinder und das Flackern der Chanukkah-Kerzen.

Mitunter fragte dann Aaron: »Zlateh, erinnerst du dich noch an die drei Tage, die wir zusammen verbrachten?« Und Zlateh kratzte sich dann mit einem Horn den Hals, schüttelte den weißbärtigen Kopf und meckerte ihr »Mäh«, das alle ihre Gedanken ausdrückte und ihre ganze Liebe.

Wer hat in der Geschichte wem das Leben gerettet?

Erzähle eine Geschichte, in der ein Tier einem Menschen oder ein Mensch einem Tier das Leben gerettet hat.

Wie verstehst du den Satz: »Habe Mitleid mit den Tieren und quäle sie nicht«?

Isaac Bashevis Singer

*wurde am 14. Juli 1904 in dem pol-
nischen Städtchen Radzymin geboren und wuchs in
Warschau auf. Sein Vater und Großvater waren Rabbiner.
Auch Isaac Bashevis Singer lernte am Rabbinerseminar in
Warschau. Später entschied er sich aber, Journalist zu
werden. Er ging auf die Universität in Warschau und
schrieb mit 22 Jahren seine ersten Geschichten in
Hebräisch und Jiddisch für eine jiddische Zeitung. 1935
folgte er seinem 9 Jahre älteren Bruder Israel Joshua
Singer, der auch Schriftsteller war, nach Amerika und
arbeitete dort mit ihm zusammen für die Zeitung »Der
Forwerts«.*

*Isaac Beshevis Singer schrieb alle seine spannenden
Geschichten in Jiddisch. Erst durch die Übersetzung sei-
ner Bücher ins Englische wurde er weltweit bekannt. Für
»Zlateh die Geiß« bekam er 1969 den Deutschen
Jugendbuchpreis für das beste Kinderbuch. 1978 erhielt
er den Nobelpreis für Literatur.*

*Am 24. Juli 1991 ist Isaac Bashevis Singer in Miami in
den USA gestorben.*

Joschkas Hund

Joschka steht kurz vor seinem 11. Geburtstag und wünscht sich einen Hund. Aber wie es mit wirklich wichtigen Wünschen so ist, haben die Erwachsenen etwas dagegen; das heißt in diesem Fall sind es die Großmutter Emma und seine Mutter Jenny. Der einzige, der für ihn Verständnis hat, ist sein Großvater Feibusch. Er möchte seinem Enkel Joschka zum Geburtstag etwas ganz Besonderes schenken und dafür hat er auch schon einen Plan. Wie zufällig treffen sie bei einem Spaziergang eine Frau, die Joschka nach einem kurzen Gespräch die Leine mit ihrem Hund in die Hand drückt und verschwindet.

»Er lacht«, sagte Feibusch heiser. »Er lacht ja richtig.«

»Natürlich lacht er«, erwidert Joschka und beginnt zu heulen, weil der nun einen Hund besitzt, der lachen kann.

»Seine Zähne sind schneeweiß«, erklärt der Junge, »schneeweiß. Er ist höchstens vier Jahre alt.«

Feibusch beugt sich nun auch hinunter, nimmt die Zähne in Augenschein. »Fünf«, sagt er, »ich würde sagen, fünf Jahre und vier Monate.«

»Er lacht schon wieder«, ruft Joschka begeistert.

»Weil ich sein Alter richtig getroffen habe.« Feibusch richtet sich ächzend wieder auf. »Aber wie werden wir ihn nennen? Das ist das größte Problem. Namen sind Schicksal, mußt du wissen. Ein Mensch mit falschem

Namen hat es schwer im Leben. Bei Hunden wird das nicht anders sein.«

Joschka nickt zustimmend. Er kennt die Meinung seines Großvaters und teilt sie.

Feibusch fährt fort: »Es gibt Namen, mit deren Trägern kommst du einfach nicht zurecht. Du kannst machen, was du willst. Immer sind sie frech, dumm und geil.«

»Was ist geil?« fragt Joschka.

»Sehr darauf aus, Kinder zu zeugen, ohne welche bekommen zu wollen«, erklärt Feibusch ohne die geringste Verlegenheit seinem Enkel. »Es ist ein Wesenszug der menschlichen Rasse, bei dem einen mehr ausgeprägt, beim anderen weniger.«

»Er lacht schon wieder«, wundert sich Feibusch. »Man sollte ihn ,Fröhlich' nennen, wie den sächsischen Hofnarren. Nein, das trifft es nicht. Ein Clown ist dieser Hund nicht, eher das Gegenteil, wenn man seine Augen sieht. Was würdest du von ,Joseph' halten?« fragt Feibusch plötzlich, »Joseph Schmidt?«

»Ein guter Name«, stimmt Joschka zu. »Wenn ich ihn behalten darf.«

»Joseph Schmidt«, wiederholt Feibusch nachdenklich. »Du mußt wissen, deine Großmutter liebt diesen Sänger über alles und würde ihn nie aus dem Hause weisen. Er hat ihr nämlich geholfen, mich zu bekommen. Schmidt sang, und die Nacht war warm ...« Feibusch hebt die Arme. »So war es. Du verstehst?«

Joschka versteht, und die beiden machen sich, Joseph Schmidt an der Leine, auf den Weg nach Hause.

Feibusch ist sehr mit sich beschäftigt, murmelt vor sich hin, höfliche Erwiderungen, Vorhaltungen, mitunter deutet er eine leichte, zustimmende Verbeugung an.

Joschka beobachtet den Großvater teilnahmsvoll. Weiß er doch, was diesen erwartet an Anklagen, Gegendarstellungen, Vorhaltungen, Bitten und Beweisen. Er faßt nach Feibuschs Hand. Sie ist warm und stark wie immer, doch ein wenig nervöser als sonst.

Joschka preßt sie ans Gesicht, atmet den Geruch des Großvaters: gute Zigarren, Hut, Feibusch.

»Wir müssen Emma, deine Großmutter entwaffnen«, sagt Feibusch schließlich. »Sie ist eine schrecklich gescheite Frau, mußt du wissen, und fast immer so gut informiert wie ein Röntgenapparat. Sie durchschaut einfach alles.«

Joschka nickt. »Noch einmal würdest du sie wohl nicht heiraten?« fragt er den Großvater.

Der schweigt einen Augenblick, sagt dann überzeugt: »Immer wieder. Aber ein bißchen dümmer sollte sie sein.«

Feibusch bleibt plötzlich stehen. »Siehst du da vorn den Lastwagen?«

Joschka sieht die Straße entlang, erblickt weit vorn einen Laster, der sich sehr gemächlich nähert.

Feibusch befiehlt: »Stell dich auf die Straße.«

Joschka begibt sich nun, ohne zu fragen, auf die Straße,

nimmt dort Aufstellung.

Feibusch beugt sich zu Joseph Schmidt und erklärt ihm eindringlich: »Wenn du bei uns bleiben willst, dann belle jetzt, und zwar so, daß Joschka den Laster erblickt und von der Straße läuft.«

Joseph Schmidt beginnt sofort zu bellen. Joschka sieht unschlüssig zum näher kommenden Laster, dann auf seinen Hund. Joseph bellt heftiger, und Joschka verläßt zögernd die Straße.

Feibusch stöhnt erleichtert auf. »Noch einen Augenblick, und ich hätte dich rufen müssen. So aber bist du der Warnung von Joseph Schmidt gefolgt. Er hat dir das Leben gerettet und sich einen festen Platz erobert in unserer Familie.« Im Treppenflur des Schapirohauses befiehlt Feibusch seinem Enkel und Joseph Schmidt: »Ihr wartet hier. Rührt euch nicht von der Stelle!«

Zu Joseph Schmidt sagt er: »Keinen Laut, wenn ich bitten darf.«

Joseph setzt sich auf die Hinterpfoten und streckt Feibusch zustimmend die Vorderhand entgegen. Feibusch nimmt sie jedoch nicht.

»Verbrüdern werden wir uns später«, erklärt er und steigt sorgenvoll die Treppe hinauf. Er nimmt den Hut ab, setzt ihn nach kurzer Überlegung aber wieder auf, betritt dann die Küche.

Emma und Jenny sitzen am Küchentisch, sehen hinaus auf den Hinterhof, auf dem die Genossenschaft Kraft-

Zusammenschluß von z. B. Bauern, Handwerkern oder Händlern, die ein gemeinsames Ziel verfolgen

107

fahrzeugteile entlädt.

»Seid ihr zurück?« fragt Emma, mit Blick zum Fenster hinaus.

Feibusch antwortet nicht, und Emma dreht sich sofort zu ihrem Ehemann herum.

»Ist etwas geschehen?« fragt sie alarmiert.

Feibusch antwortet noch immer nicht.

»Ist etwas mit dem Jungen?« fragt Jenny nun und springt vom Tisch auf.

Nun erst schüttelt Feibusch den Kopf und läßt sich schwer auf Jennys Platz nieder.

»Es ist etwas«, sagt Emma bleich, »ich sehe es dir an. Was ist mit dem Kind?«

»Nichts«, sagt Feibusch und holt sein Taschentuch hervor. »Aber um ein Haar wäre es geschehen.«

»Wo ist er jetzt?« fragt Jenny entsetzt und will zur Tür. Feibusch hält sie am Arm zurück. »Ich sagte bereits, es ist ihm nichts geschehen. Jemand hat ihm das Leben gerettet.«

»Und das sagst du so daher!« ruft Emma, faßt sich ans Herz und beginnt erschrocken zu husten. »Jemand hat ihm das Leben gerettet! Wie ist es geschehen, und wer ist dieser jemand?«

»Würdest du ihm dankbar sein?« fragt Feibusch nun und faßt nach einer Zigarre.

»Was für eine Frage«, sagt Emma nun empört. »Du hast sicher wieder mit August König getrunken, und in dieser

Zeit ist der Junge in Lebensgefahr geraten. Hol ihn sofort hoch.«

»Den Lebensretter auch?« fragt Feibusch und erhebt sich. »Würdest du ihn hier empfangen?«

»Stell nicht solche Fragen«, empört sich Emma immer mehr. »Ein Leben lang müssen wir ihm dankbar sein.« Feibusch begibt sich an die Flurtür und ruft ins Treppenhaus: »Kommt hoch.«

Joschka und Joseph Schmidt setzen sich in Bewegung, betreten die Küche. Emma und Jenny eilen auf Joschka zu. Sie erblicken nun aber Joseph Schmidt und bleiben wie angewurzelt stehen.

»Der Retter?« fragt Emma mit harter Stimme.

Feibusch und Joschka nicken ängstlich.

Joseph Schmidt lacht.

»Der Retter also«, murmelt Emma und begibt sich zurück zu ihrem Platz. »Ich nehme an, er hat Joschka aus einer vier Meter tiefen Schneelawine gewühlt.«

»Vor einem Lastwagen gerettet«, erklärt Feibusch. »Das herrenlose Tier hat rechtzeitig Laut gegeben und Joschka auf den heranrasenden Laster orientiert.«

»Ist das wirklich wahr?« fragt Jenny und sieht Joseph Schmidt in die Augen. Dieser hält Jenny sofort die Vorderpfote entgegen. Jenny nimmt sie an. »Es scheint wahr zu sein«, erklärt sie beeindruckt ihrer Mutter.

»Sie würden es auf ihren Eid nehmen«, erwiderte Emma, »alle drei würden sie schwören, bei unserem Augenlicht und unserer Gesundheit.«

»Er hat Joschka das Leben gerettet«, sagt Jenny halblaut zu ihrer Mutter.

»Deinem Vater ebenfalls«, erwidert Emma und sieht Joseph Schmidt zum erstenmal an. »Auch er hätte es nicht überlebt, diesen Hund auf der Straße zurückzulassen.«

Feibusch wirft seinem Enkel einen schnellen Blick aus den Augenwinkeln zu, dann wischt er sich den Schweiß, und Joseph Schmidt bezieht erleichtert Platz auf seinem Hinterteil.

»Schlafen wird er aber im Flur«, sagt Emma plötzlich. »Bilde dir nicht ein, er darf nachts zu dir ins Zimmer.«

»Im Flur«, erwiderte Joschka selig.

Joseph Schmidt erhebt sich, geht auf Emma zu und hält ihr die Vorderpfote hin.

»Ich bin gerade bei der Salatzubereitung«, sagt Emma zurückhaltend.

Dann aber, als der Hund die Pfote nicht zurückzieht, ergreift Emma sie. »Für die Lebensrettung vielen Dank auch.«

Während Joseph lächelt, begibt sich Emma zum Wasserhahn, um sich zu waschen.

»Wie heißt er?« fragt sie Feibusch.

Der öffnet den Mund, um seine Ehefrau von der Namensgebung zu informieren.

Doch Joschka ist schneller. »Vielleicht weißt du einen

schönen Namen. Wir wollen deine Entscheidung abwarten.«

»Meine Entscheidung«, sagt Emma ärgerlich, »ich werde vorher nicht gefragt und soll mich hinterher entscheiden. Wie nennt man solch einen Hund?«

»Vielleicht kennst du einen Namen aus der Geschichte«, sagt Feibusch, »oder hast eine bedeutende Persönlichkeit im Sinne, die man ehren könnte.«

Emmas Gesicht bekommt einen sehnsüchtigen Ausdruck. Sie sieht zum Fenster hinaus. »Es gäbe einen großen Namen«, sagt sie schließlich, »einen ergreifenden poetischen Namen.«

»Sag ihn«, drängt Joschka, »nenne ihn.«

Emma geniert sich ein wenig, streicht die Schürze glatt und erklärt schließlich verlegen: »Joseph Schmidt.«

»Ein guter Name«, sagt Joschka begeistert, und Feibusch erklärt, zu Joseph gewandt: »Keine Frau, eine Weise.«

Joschka gibt Joseph Schmidt einen Wink. Der erhebt sich und folgt dem Jungen hinaus.

»Ich zeige dir mein Zimmer«, erklärt Joschka im Flur. »Zwar darfst du nicht in ihm schlafen, aber ich lasse am Abend die Türe auf. Wir behalten uns im Auge und können reden. Es ist fast so, als ob du in meinem Zimmer schlafen würdest. Einverstanden?«

Joseph Schmidt ist einverstanden. Er betritt hinter Joschka das Zimmer. Es ist anders als die Zimmer anderer Jungen. Spielzeug liegt kaum herum, dafür aber jede

Menge Bücher. An den Wänden hängen Bilder. Keine Landschaften, nur Bilder von Menschen.

»Alles Familie«, sagt Joschka zu Joseph Schmidt, »und alles Juden. Du weißt ja noch gar nichts von uns. Wir sind Juden. Seit Adam und Eva oder noch länger. Aber was bist du dann jetzt?«

Er sieht eine Zeitlang nachdenklich auf Joseph Schmidt, läuft dann zur Tür und ruft nach seinem Großvater. Der hat noch in der Küche zu tun und ruft zurück: »Was ist?«

»Joseph Schmidt«, fragt Joschka zögernd, »ist er ein jüdischer Hund?« Feibusch hebt sofort die Hände.

»Was denkst denn du? Und ob! Wenn du mich fragst, ich persönlich habe nie einen jüdischeren Hund gesehen.«

Joschka schließt zufrieden die Tür seines Zimmers. »Du bist nun ein jüdischer Hund in einer jüdischen Familie.« Joseph Schmidt schweigt bescheiden.

Großvater Feibusch hat einen Plan, wie er Großmutter und Mutter überreden kann, einen Hund im Haus zu akzeptieren. Wie findet ihr diesen Plan? Vielleicht habt ihr eine andere Idee, wie Joschka und sein Großvater die beiden Frauen zu einem Hund überreden können? Spielt die Geschichte!

Hast du ein Tier oder wünschst du dir eins? Welches Haustier hättest du gerne und was findest du an ihm gut? Welche Gründe gibt es, dieses Tier nicht im Haus haben zu wollen?

Gibt es bei dir zu Hause auch Fotos von Familienangehörigen? Über wen möchtest du gerne mehr wissen?

Der kleine Obstbaum in der Wüste

von Esther Helfrich

Chaos

eine lange Reihe von Kamelen, die Lasten oder Waren durch die Wüste transportieren

Luftspiegelung

Neujahr der Bäume

Es war einmal eine Wüste, öd und leer, ein richtiges Tohu. In ihr ritt Abu-Mussah, der Anführer einer Karawane und bemerkte plötzlich einen Menschen, der einen Orangenbaum in der Wüste pflanzte. Er traute seinen Augen nicht! Abu-Mussah guckte einmal, zweimal, glaubte an eine Fata Morgana. Nun kam der Mensch auch noch auf ihn zu. Abu-Mussah packte die Furcht, er glaubte an Geister. »Können Sie mir bitte Wasser geben?«, fragte der Fremde mit Namen David. »Ich habe Wasser. Hier.« sagte Abu-Mussah und reichte David das Wasser. Der goß damit sein frischgepflanztes Bäumchen.

Im Februar, so um die Zeit von Tu-B'Schwat, war aus dem Bäumchen ein wunderschöner Orangenbaum geworden. David kam, nach dem Bäumchen zu sehen. Es war ein richtiges Wunder, das blühende Orangenbäumchen mitten in der Wüste! Nach einem Jahr war aus dem einsamen Baum eine Pflanzung geworden. Auch Ab-Mussah kehrte zurück und hatte seine helle Freude an der kleinen Oase, die erholsamen Schatten spendete und deren süße Früchte den Durst löschten. Erst jetzt verstand er David und sie wurden Freunde: Abu-Mussah, der das Wasser gab und David, der pflanzte.

Versucht, diese Geschichte nachzuerzählen.
Was würdet ihr verändern?

Hast du schon einmal einen Obstbaum gepflanzt?
Wie lange dauert es wohl, bis ein Baum Früchte trägt?
Wie wird aus einem Baum eine Pflanzung?

Was haben dieser Text und die drei Texte auf der
folgenden Seite mit Tu B'Schwat zu tun? Erkläre, was
wir an diesem Festtag feiern.

Suche dir einen Text aus, der dir besonders gefällt.
Was findest du an ihm gut?

Kennst du noch andere Texte, die auch auf dieser Seite
stehen könnten? Schreibe sie auf und begründe,
warum sie zu Tu B'Schwat passen.

Wenn in alter Zeit in Israel ein Kind geboren wurde, dann pflanzte der Vater einen Baum. Schöner Gruß eines landarbeitenden, erdverwachsenen Geschlechts. War es ein Junge, so pflanzte man eine Zeder; war's ein Mädchen, so pflanzte man eine Pinie; ein schöner Brauch wollte, daß am Hochzeitstage die Chuppa aus den Zweigen dieser beiden Bäume geflochten wurde. -Berta Badt-Strauß-

3. Mos. Kap. 19. V 23
Wenn du in das Land kommst, sollst du einen Baum pflanzen.

Rabbi Jochanan sagte: Eines Tages befand er sich auf dem Weg und sah einen Mann einen Johannisbrotbaum pflanzen. Da fragte er ihn: "Nach wievielen Jahren trägt er?" Jener erwiderte: "Nach siebzig Jahren". Dieser fragte weiter: "Bist du überzeugt, daß du noch siebzig Jahre leben wirst?" Jener erwiderte: "Ich habe Johannisbrotbäume auf der Welt vorgefunden, die meine Vorfahren für mich pflanzten; ebenso will ich für meine Nachkommen pflanzen." -Talmud-

Kapitel IV

JAHRESKREIS

120

Das Schabbesgewürz von Noemi Staszewski

Freitag mittag kommt Channah immer früher von der Schule nach Hause. Heute hat sie besonders gute Laune, denn es ist ein wunderschöner Herbsttag. Die warmen Sonnenstrahlen bringen das Laub mit seinen verschiedenen Grün-, Gelb- und Rottönen richtig zum Leuchten. Schon an der Eingangstür riecht Channah den herrlichen Duft frisch gebackener Challah, der sich im Haus immer mehr mit dem Geruch der Schabbessuppe vermischt. Selbst wenn sie nicht wüßte, daß heute Freitag ist, würde sie spätestens jetzt die Vorboten des Schabbats riechen. »Eigenartig«, denkt Channah, »warum riecht und schmeckt die Suppe am Schabbat besser als andere Suppen?«

Mohnzopf

Sie springt in die Küche, um ihre Mutter zu begrüßen. Die Düfte, die ihr entgegenströmen, machen Hunger. Channah wäscht sich die Hände und setzt sich an den Küchentisch, auf dem bereits eine Schüssel Nudeln mit Tomatensoße steht.

»Mami«, fragt sie mit vollem Mund, »was tust du eigentlich für Gewürze in die Schabbessuppe?«

»Was für Gewürze ich in die Suppe tue? Na, womit man eben eine Suppe würzt. Mit Salz, Pfeffer, Piment und Lorbeerblatt, manchmal mit scharfen Pfefferschoten und Dill. Warum fragst du mich das?«

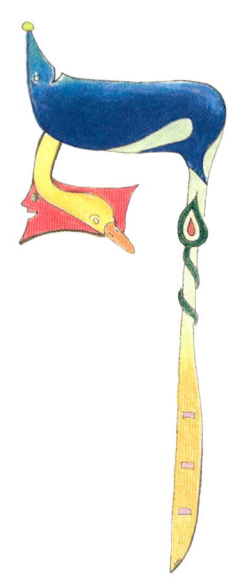

»Aber welches Gewürz tust du nur in die Schabbessuppe? Sie schmeckt doch anders als die anderen Suppen.« Die Mutter lacht. »Tut sie das? Ich weiß nicht, ich würze die Schabbessuppe nicht anders als alle anderen Suppen auch.«

Channah glaubt das nicht so recht. Warum will ihr Mutter nicht verraten, wie sie diese Suppe kocht? Ist das ein Geheimnis?

»Nächste Woche möchte ich dir beim Suppekochen helfen«, sagt Channah und denkt bei sich: »Ich werde schon herausbekommen, was alles in die Suppe gehört.«

Abends sitzt die ganze Familie am großen Eßtisch, der mit einer weißen Tischdecke und dem *festlichen* jontivdicken Geschirr festlich gedeckt wurde. Auch Sabba und Sawta *Opa und Oma* sind gekommen. Die Mutter hat den Segen über die Schabbatkerzen gesprochen und der Vater hat Wein und Brot gesegnet. Channah sitzt endlich vor ihrem dampfenden Teller Suppe. Darauf hat sie schon den ganzen Tag gewartet. Sie liebt diese Suppe. Wenn man mit dem Löffel darin herumrührt, sehen die kleinen Nudeln wie winzige dünne Fische aus, die in einem Teich herumschwimmen. Lokschen mit Jouch sagt Sabba immer dazu.

»Man müßte doch am Geschmack herausbekommen, welche Gewürze in der Suppe sind«, denkt Channah. Sie nimmt einen Löffel voll und versucht, die Suppe ganz lange im Mund zu behalten, um die verschiedenen Geschmäcker unterscheiden zu können. Pfeffer und Salz kann sie schmecken. Aber sonst? Sie probiert es noch einmal. Salz, Pfeffer ...? Sie nimmt nur den Geschmack und den Geruch der Schabbessuppe wahr, die herrlich warm und würzig im Mund verläuft.

»Sawta«, fragt sie, »welche Gewürze tust du in die Schabbessuppe?«

»Welche Gewürze? Warum? Schmeckt dir die Suppe von deiner Mutter nicht?«

»Doch«, antwortet Channah, »aber Mami will mir nicht verraten, welches Gewürz sie nur in die Schabbessuppe tut, damit sie eben nach Schabbat schmeckt.«

Sawta lacht und Channah ist böse. »Genauso wie Mami«, denkt sie und sagt: »Willst du mir auch nicht verraten, was das Schabbesgewürz ist?«

»Das Schabbesgewürz? Ich weiß nicht, was das Schabbesgewürz ist, aber ich kann dir verraten, welche Gewürze ich in die Suppe gebe, Salz, Pfeffer, Piment, Lorbeer und manchmal ein Bund Dill. Das gibt einen guten Geschmack. Aber natürlich hängt es auch vom Gemüse und vom Fleisch ab, ob die Suppe gut wird.«

Channah ist nicht zufrieden mit dieser Antwort. Salz, Pfeffer, Piment, Lorbeer, Dill; das tun sie doch in jede Suppe. »Ich werde Mami nächste Woche genau auf die Finger schauen. Es muß doch herauszukriegen sein, woher der Geschmack der Schabbessuppe kommt.«

Am nächsten Donnerstag bemerkt Channah abends, daß die Mutter Vorbereitungen trifft, Suppe zu kochen. Der große Suppentopf steht schon auf dem Herd. Mutter hat morgens auf dem Markt eine riesige Tüte Gemüse gekauft. Jetzt steht sie in der Küche und fängt an, das Gemüse zu putzen. Eigentlich wollte Channah noch einen Film sehen und dann ins Bett gehen. Aber sie hatte sich fest vorgenommen, diesmal ganz genau aufzupassen, wie die Suppe gekocht wird. Also muß sie jetzt wohl auf den Film verzichten.

»Mami, darf ich dir beim Kochen helfen?« fragt sie.

»Eigentlich mußt du bald ins Bett, es ist schon spät«, antwortet ihr die Mutter.

»Aber ich habe schon letzte Woche gesagt, daß ich mit dir die Schabbessuppe kochen will.«

»Na gut, wasch dir die Hände und dann kannst du als erstes das Huhn und die Putenkeule waschen, ich habe sie vorhin gesalzen.«

»Warum salzst du das Fleisch?« fragt Channah.

»Damit das restliche Blut herausläuft. Du weißt doch, *unrein* Blut ist trefe«.

Channah wäscht das Fleisch und legt es in den Suppentopf. Die Mutter gießt Wasser hinein, schaltet den Herd ein und streut Salz und Pfeffer in den Topf, gibt Pimentkörner, ein Lorbeerblatt und eine Knoblauchzehe dazu und legt den Deckel drauf.

»Jetzt muß alles erstmal richtig kochen. In der Zwischenzeit können wir das Gemüse putzen.«

Wieviel Gemüse in die Suppe kommt! Mohrrüben,

Sellerie, Petersilienwurzeln, Lauch, Kohlrabi, Fenchel, Süßkartoffel. Channah nimmt sich ein Schälmesser und beginnt damit die Mohrrüben zu bearbeiten. Es dauert ganz schön lange, bis sie alle Möhren geputzt hat. Die Mutter hat in der Zwischenzeit schon fast das gesamte andere Gemüse gewaschen und geschnitten. Wie schnell sie das kann!

»Jetzt müssen wir aus der kochenden Fleischbrühe die Faserfetzen abschöpfen. Möchtest du das probieren?« fragt die Mutter. »Nimm die fleischige Schöpfkelle aus der Schublade.«

Sie hebt den Deckel vom Topf und ein Schwall heißen Wasserdampfes steigt empor. Es riecht ganz plötzlich nach gekochtem Huhn. Channah nimmt die Kelle, stellt sich auf einen Hocker vor den Herd und versucht, aus dem Topf die braunen Flöckchen herauszufischen.

»Puh, das ist aber heiß, da verbrennt man sich ja die Hand!« zetert Channah und zieht ganz schnell die Kelle aus dem Topf.

»Ja, da muß man aufpassen, daß man sich nicht ver-brennt. Soll ich das machen?« fragt die Mutter.

Channah rückt ein Stück zur Seite und beobachtet, wie Mutter die Flöckchen aus der Brühe schöpft, bis keine mehr zu sehen sind. Dann schüttet sie das Gemüse in den Topf.

»Kommen da jetzt keine Gewürze mehr dran?« fragt Channah.

»Doch, wir müssen die Suppe jetzt noch mit Salz und Pfeffer abschmecken, es wird noch nicht genügend drin sein. Willst du mal probieren?«

Channah nimmt sich einen Suppenlöffel und probiert vorsichtig ein bißchen Suppe. Sie schmeckt wirklich noch etwas fad. Mutter gibt Salz und Pfeffer hinein und setzt den Deckel wieder auf den Topf.

»Kommt da jetzt nichts mehr dazu?« fragt Channah etwas ungläubig.

»Jetzt muß die Suppe erstmal eine ganze Zeitlang kochen und morgen, wenn ich sie aufkoche, lege ich noch ein Bund Dill hinein. Aber ansonsten ist die Suppe jetzt fertig. Du kannst ruhig ins Bett gehen.«

»Ich bleibe noch ein bißchen in der Küche und dann gehe ich schlafen«, antwortet Channah. Während die Mutter die Küche verläßt, denkt sie: Bestimmt will sie nachher das Schabbesgewürz hineintun. Ich werde aufpassen! Sie setzt sich an den Küchentisch und sieht zu, wie eine kleine Dampffahne aus dem Topf aufsteigt, unter dem Küchenschrank entlangkriecht und sich langsam in der Küche verbreitet. Kleine Wassertropfen bilden sich über dem Herd und fallen zischend auf die Herdplatte. Channah ist müde. Sie legt ihren Kopf auf die Arme und lauscht den Geräuschen.

Auf einmal spürt sie einen Luftzug und das Fenster geht einen Spalt auf. Es scheint ihr, als würde ein kleiner goldener Wirbelwind in der Küche herumschwirren. Jetzt hält er über dem Topf an. Da hebt sich plötzlich der Deckel und es sieht so aus, als ob ganz feiner Puder aus dem Wirbelwind in den Topf rieseln würde. »Das Schabbesgewürz!« denkt Channah und will aufspringen, aber es ist nichts mehr zu sehen. Dafür bemerkt sie, wie sie jemand schüttelt und hört von weitem die Stimme der Mutter.

»Channah, du redest ja im Schlaf, steh auf, du mußt ins Bett!« mahnt sie neben ihr.

»Ich habe das Schabbesgewürz gesehen«, sagt Channah schlaftrunken, »es sah aus wie ein kleiner goldener Wirbelwind.«

»Das Schabbesgewürz?« lacht die Mutter. »Du hast geträumt. Ab ins Bett mit dir, es ist ja schon furchtbar spät.«

Als Channah am nächsten Tag aus der Schule nach Hause kommt, riecht es wieder wie jeden Freitag nach Challah und Schabbessuppe. Ihr geht die Geschichte von gestern abend nicht aus dem Kopf. Hat sie den kleinen goldenen Wirbelwind wirklich nur geträumt?

Schabbat in einer polnischen Familie

Zum Text: Bella Chagall schildert die Vorbereitungen und Feierlichkeiten am Vortag des Sabbat in ihrem Elternhaus um die Jahrhundertwende.

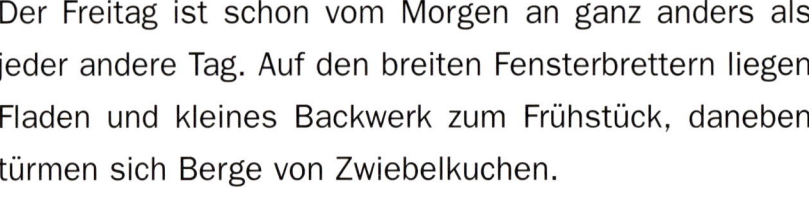

Der Freitag ist schon vom Morgen an ganz anders als jeder andere Tag. Auf den breiten Fensterbrettern liegen Fladen und kleines Backwerk zum Frühstück, daneben türmen sich Berge von Zwiebelkuchen.

Freitags wird zu Mittag nicht gekocht. Statt warmer Speisen erhält jeder einen Zwiebelkuchen. Wie ein Ofen mit roten Kohlen ist er dick mit gebratenen Zwiebeln gefüllt und so groß, daß die Hand ihn kaum halten kann. Schon beim ersten Bissen klebt der Mund, der Teig bleibt einem im Hals stecken, bis ein Glas kalter Milch ihn hinunterspült.

»Macht nichts, iß ihn nur«, ermuntert mich Sascha, unser Dienstmädchen. »Bis zum Abendessen wirst du schon wieder Hunger bekommen.« Am Tag vor dem Sabbat ist alles im Haus in Bewegung. In aller Frühe werden Zwiebeln geschält und gehackt. In der Küche herrscht ein Betrieb wie in einer Mühle. Backofen und Herd sind heiß. Chawa kocht, bäckt Brot, rupft Hühner. Der weiche Flaum bleibt an ihrer Schürze hängen, löst sich aus ihren Haaren und umflattert sie wie kleine Küken. Dann hackt sie auf einem kleinen Brett ein Häufchen Zwiebeln, bis sie zu Mus werden.

Chawas Augen tränen. Mir ist, als dufteten wir schon alle nach Zwiebeln. Allerlei Gerüche, einer schärfer als der andere, erfüllen das ganze Haus.

Alles gerät in Bewegung. Meine jüngeren Brüder eilen mit dem Rabbiner, ihrem Lehrer, ins Bad. Sascha geht im Eßzimmer hin und her und schilt einen meiner Brüder, der dort noch herumtrödelt.

religiöses Oberhaupt

»Auf, marsch! Du hast genug Tee getrunken! Ich muß den Samowar putzen, es ist schon bald Sabbat.«

»Was? Nicht einmal ein Gläschen Tee läßt sie mich austrinken! Der reinste weibliche Rabbiner!«

Sascha, die Russin, dient seit Jahren in unserem Haus und hält streng auf die Speisegebote, wacht über den Sabbat, als wäre er ihr Sonntag. Wortlos zieht sie den schweren Samowar mitsamt dem Tablett und der mit Wasser gefüllten Tropfschale vom Tisch, nimmt meinem Bruder die Zuckerdose weg, den Löffel aus der Hand, und kehrt ihm den Rücken. Wie ein Esel beladen, schleppt sie alles in die Küche, um es blank zu putzen. Chawa mit ihren dicken Beinen kommt ihr entgegengestapft, ein mehlbestreutes Brett in den Händen. Es ist so lang, daß es aussieht, als trage sie eine aus dem Boden gehobene Diele vor sich her. Zwei, drei große geflochtene, goldglänzende Sabbatbrote thronen wie Königinnen darauf, von kleineren, mit dünnen Teigzöpfen verzierten Broten umgeben. Ganz oben liegt ein winziges Sabbatbrot, das sie aus dem letzten Teigrestchen für mich gebacken hat. Frisch aus dem Ofen geholt, glänzen die Brote wie von der Sonne gebräunt.

Ein herzerfreuender Anblick für Chawa. Sie kann sich

fast nicht davon trennen.

»Gott sei Lob und Dank! Wohlgeratene Sabbatbrote«, sagt sie und lächelt beglückt.

Wir ziehen den großen Eßtisch aus, legen Bretter dazwischen. Er wird so lang, daß man auch mit den längsten Armen das andere Ende nicht erreichen könnte. Ein weißes, glänzendes Damasttuch breitet sich raschelnd über die Tischplatte aus. Die Füße des Tisches verschwinden unter den Ecken des Tuches, die bis zur Erde reichen und sich wie eine Schleppe in Falten legen.

Sascha jagt mich hinaus, dann ruft sie mich wieder: »Baschinka, komm her, hänge die Handtücher auf, jedes an seinen Nagel.«

»Da sind noch Servietten. Was soll mit denen geschehen?«

»Leg eine an Vaters Platz.«

Ich gehe zu Vaters Platz und bedecke das Sabbatbrot mit der Serviette, wie man eine Braut mit dem Schleier verhüllt.

Am anderen Ende der Tafel steht schon Mamas großer fünfarmiger silberner Leuchter. Man stellt noch zwei Leuchter dazu, wohl um eine Glückszahl zu erreichen. In allen sieben Haltern stecken lange weiße Kerzen. Neben Mamas Leuchtern steht mein silberner Kerzenstock schüchtern und klein auf seinen kurzen Beinchen. Papa hat ihn mir als Geschenk mitgebracht. Er ist ziseliert, wie mit feinem Spinnengewebe überzogen, unter der Tülle ist eine kleine Scheibe, die später, wenn das Licht brennt, die Tropfen der Kerze auffangen wird.

Der Tisch steht da wie ein verträumtes weißes Schloß, so still, als erwarte er etwas. Plötzlich bewegen sich die an den Ecken herunterhängenden Fransen des Tischtuchs. Aus der Ferne kommt ein Geräusch auf mich zu: der eiserne Rolladen des Geschäfts wird herunterge-lassen. Beim Festschrauben kreischt das Metall. Gott sei Dank! Endlich wird der Laden geschlossen! Man hört die Stimmen der Angestellten, die sich beeilen, nach Hause zu kommen ...

Sascha bringt den Samowar herein und zündet die Lampe an. Der blitzblanke Samowar dampft und zischt wie eine Lokomotive. Die Hängelampe streut feurige Strahlen aus. Ringsum wird es hell und warm. Papa setzt sich an den Tisch und trinkt in aller Ruhe mit Konfitüre gesüßten Tee.

Mama verläßt als letzte den Laden. Sie sieht nach, ob alles gut verschlossen ist. Jetzt höre ich ihre kleinen Schritte. Sie schließt die eiserne Hintertür ab. Jetzt raschelt ihr Kleid. Jetzt kommt sie in ihren weichen Schuhen ins Eßzimmer. Einen Augenblick bleibt sie auf der Schwelle stehen, wie von dem weißen Tischtuch und den silbernen Leuchtern geblendet. Dann wäscht sie sich schnell Gesicht und Hände und legt den frisch gewa-schenen Spitzenkragen um, den sie immer am Freitag-abend trägt. Eine ganz neue Mama tritt nun zu den

Leuchtern und zündet mit einem Streichholz ein Licht nach dem anderen an. Alle sieben Kerzen erglänzen. Sie beleuchten Mamas Gesicht von unten, und wie verzaubert senkt sie den Blick. Langsam, dreimal hintereinander, schließen sich ihre Hände zum Kreis um jede Flamme, als umschlinge sie ihr eigenes Herz. Mit den Kerzen schmelzen die Sorgen der Woche dahin.

Mama bedeckt ihr Gesicht mit den Händen und segnet die Lichter. Ihre leisen, gemurmelten Segenswünsche dringen zwischen den Fingern durch und geben den gelben Flammen noch mehr Kraft. Mamas Hände leuchten im Kerzenschein wie die Gesetzestafeln in der Lade.

Ich drücke mich ganz dicht an Mama, um den segnenden Händen nahe zu sein, blicke auf, suche ihr Gesicht, möchte in ihre Augen schauen. Sie sind hinter ihren Händen verborgen.

Nun zünde ich mein eigenes kleines Licht an, halte wie die Mutter die Hände vors Gesicht und spreche ihr die Segenssprüche leise nach, murmle sie wie durch ein Gitter in mein kleines Licht.

Kaum angezündet, beginnt meine Kerze schon zu tropfen. Rasch versuche ich, ihre Tränen mit einer Hand aufzuhalten.

Ich höre Mama den einen und den anderen Namen in ihrem Gebet erwähnen - Vater, uns Kinder, ihren eigenen Vater, ihre Mutter. Nun ist auch mein Name in die Flamme der Kerze gefallen. Mir wird ganz heiß. »Der

Allvater möge sie alle segnen!« Jetzt endlich läßt Mama die Hände sinken. »Amen«, sage ich mit erstickter Stimme hinter meinen Fingern. »Guten Schabbat!« ruft Mama laut. Ihr Gesicht ist wie geläutert, als hätte es die Helle der Schabbatlichter in sich aufgenommen.

»Guten Schabbat!« antwortet Vater vom anderen Ende des Tisches und steht auf, um in die Synagoge zu gehen. *jüdisches Gotteshaus*

»Guten Schabbat!« ruft die Köchin Chawa aus der Küche. Auch sie hat ihre zwei Messingleuchter vom Regal heruntergenommen, zwei Kerzen hineingesteckt und ein kleines weißes Tuch über den frisch gescheuerten Tisch gebreitet. Die vielbenutzte, von der Arbeit müde Küche ist wie verwandelt. Das weiße Tuch und die beiden Kerzen haben ihr Ruhe und Stille gebracht.

Alle sind in die Synagoge gegangen. Mama und ich bleiben zu Hause. Die Kerzen leuchten für uns allein. Mir ist, als hätten die Lichter auch den Himmel erwärmt. Er schaut freundlich zum Fenster herein.

Mama betet still unter der Hängelampe. Ich höre sie Segenssprüche murmeln. Meine kleine Kerze ist fast niedergebrannt. Ich drücke mich ganz eng an die Wand und spreche das Achtzehnbittengebet.

Die Wand atmet wie etwas Lebendiges. Ich möchte in sie hineinwachsen, wage nicht, sie zu berühren, nicht einmal mit dem Gebetbuch. Da höre ich Stimmen im Korridor: meine Brüder sind aus der Synagoge zurückgekommen.

Sie balgen sich, einer schreit lauter als der andere.

Warum kommen meine Brüder immer so aufgeregt aus der Synagoge heim? Man muß sie immer antreiben hinzugehen, und wenn sie zurückkommen, hören sie nicht auf zu lachen und bringen viele Geschichten mit, genug für eine ganze Woche. Was geht denn in der Synagoge vor?

Und was macht Vater dort so lange? Er kommt immer als letzter zurück. Wahrscheinlich stören ihn die laut betenden Männer, und er beginnt das Achtzehnbittengebet erst dann, wenn alle weggehen. Sogar am Freitag bleibt er lange in der Synagoge. Wenn alle gegangen sind, ist es dort ganz still. Nur ein paar Fliegen summen um die brennende Ampel.

Vater, allein an seinem Platz an der Ostseite, schaukelt hin und her wie der Baum im Synagogenhof, den man durchs Fenster sehen kann. Er betet still, mit geschlossenen Augen, ganz der Welt entrückt. Die leisen Worte des Gebets scheinen ihn raunend zu umschweben. Aus der Ferne beobachtet ihn der Synagogendiener, ein kleines, mageres Männchen, das zwischen den großen Folianten, die sich neben ihm auf dem Tischchen türmen, besonders schmächtig wirkt.

Er hat schon längst zu Ende gebetet, ist immer als erster fertig, damit die Betenden nicht auf ihn warten müssen. Jetzt sitzt er still an der Wand und wartet auf Vater. Wenn Vater sich hin und her wiegt, wiegt auch der Synagogendiener in seinem Winkel sich hin und her. Wenn Vater seufzt, seufzt auch der Diener. Wenn er hört, daß Vaters Füße sich bewegen, richtet er sich schnell auf. Wenn Vater von der Wand zurücktritt, springt der Diener von der Bank auf. »Guten Schabbat, guten Schabbat, Rabbi  Schmul Noah«, ruft er, auf Vater zueilend, und ist froh, daß er sich jetzt, da Vater die Gebete beendet hat, eine Weile ausruhen kann.

»Guten Schabbat«, antwortet Vater, wie aus einem Traum erwacht. Der Diener hilft ihm in den Mantel.

»Reb Schmul Noah«, sagt er leise, »draußen im Hof stehen noch zwei Soldaten, fremd hier, aus gutem Haus.«

»Was sagst du?« Vater ist in die Gegenwart zurückgekehrt. »Geh schnell und sage ihnen, sie möchten um Gottes willen nicht weggehen. Ich nehme sie mit nach Hause. Kinder jüdischer Eltern am Schabbat ohne Abendessen! Gott behüte!«

»Guten Schabbat!« Vater ist beschämt, daß er so spät heimkommt. »Alta, da sind zwei ehrbare junge Juden. Bitte sie zu Tisch«, ruft er Mama zu und zeigt auf die Soldaten, die schüchtern an der Tür stehengeblieben sind.

Meine Brüder verstummen und schauen die Gäste an. Abrascha hält es nicht mehr aus, still zu sitzen. Er läuft auf die Fremden zu. Die glänzenden Uniformknöpfe haben es ihm angetan, er muß sie berühren.

»Laß mich deinen Gürtel anziehen, darf ich? Wo hast du denn dein Gewehr?«

Meine Brüder zerren die Soldaten an den Tisch.

Vater geht sich die Hände waschen. Dreimal gießt er Wasser aus der schweren Kupferkanne auf die eine Hand, auf die andere und trocknet dann langsam jeden Finger einzeln ab.

Dann drängen sich meine Brüder an den Waschtisch. Jeder will den anderen das bißchen Wasser wegnehmen, das noch im Krug ist. Sie reißen einander das Handtuch aus den Händen.

Jetzt werden Stühle gerückt, wieder an den Tisch gezogen. Jeder erobert sich seinen Platz mit Gewalt.

»Still!« ruft Vater. »Hört auf, euch zu raufen! Am Schabbat! Ihr solltet euch vor den Gästen schämen. *Segen über den Wein* Schluß jetzt! Kiddusch! Und er zeigt auf den Becher voll Wein.

Alle stehen auf. Es wird still. Chawa, die Köchin, steht in der Tür. Vater wartet eine Weile, als müsse er Kräfte sammeln. Der silberne, mit schwarzen Blumen verzierte Becher schaukelt wie ein volles Eimerchen in seiner Hand. Wein ergießt sich über Vaters Finger, spritzt auf das Tischtuch. Da umklammert Vater den Becher fest, hält ihn mit allen fünf Fingern, bewegt ihn nach der einen Seite, nach der anderen, und beginnt mit geschlossenen Augen den Kiddusch. Es ist, als schöpfe er den Segen aus dem Becher. Seine hohe Stirn legt sich in Falten, seine Worte gehen in Gesang über, die Melodie ist wie von Wein getränkt. Und wie die psalmodierende Stimme wird auch der Wein dunkler, glüht in tiefem Rot. Und wir alle lassen uns von der Melodie einwiegen.

»Amen!« Vater hebt den Becher an die Lippen und trinkt mit noch immer gesenktem Blick.

»Amen!« antworten alle laut.

»Amen!« sagt auch Chawa unter der Tür und läuft in die Küche zurück.

Mutter trinkt ein paar Tropfen Wein und murmelt: »Es ist uns allen gegeben worden, den Schabbat bei guter Gesundheit zu erleben. Gelobt sei der Herr! Baschinka, sprich den Segen!« Und sie läßt mich einen Schluck aus dem Becher trinken.

In beiden Geschichten wird der Schabbat beschrieben. Wodurch zeichnet sich der Schabbat aus?
Warum, glaubst du, schmeckt Chana die Schabbessuppe so gut?

Wird bei euch zu Hause auch Schabbat gefeiert? Wenn ja, schildere was bei euch zu Hause das Besondere am Schabbat ist.

SCHALOM ALEJCHEM

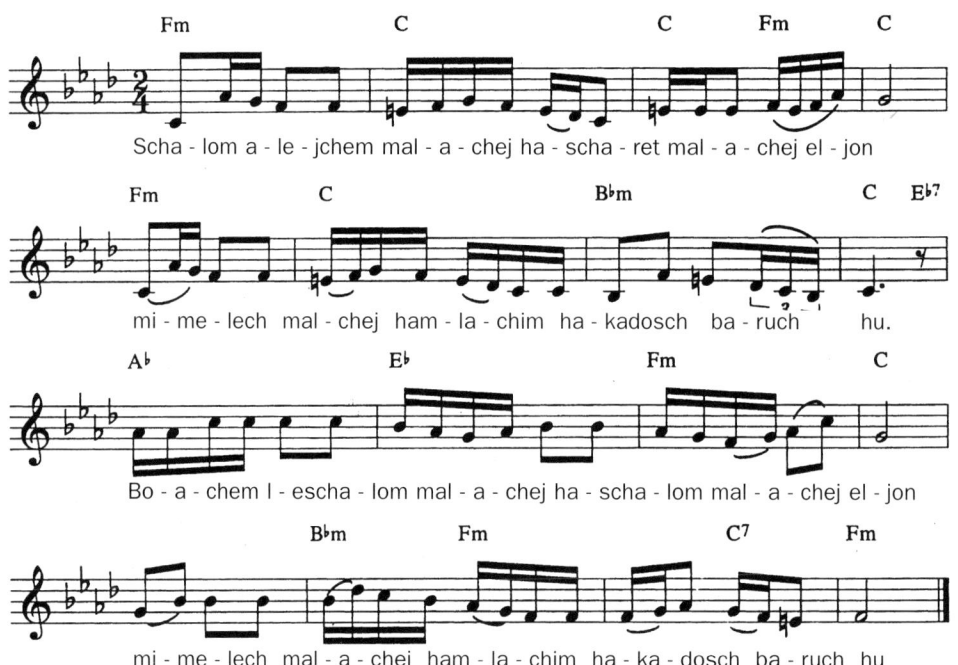

Scha - lom a - le - jchem mal - a - chej ha - scha - ret mal - a - chej el - jon

mi - me - lech mal - chej ham - la - chim ha - kadosch ba - ruch hu.

Bo - a - chem l - escha - lom mal - a - chej ha - scha - lom mal - a - chej el - jon

mi - me - lech mal - a - chej ham - la - chim ha - ka - dosch ba - ruch hu

שׁלום Friede mit euch, Engel des Dienstes, Engel des Höchsten, vom König aller Könige gesandt dem Heiligen, gelobt sei Er.
Eure Einkehr sei zum Frieden, Engel des Friedens, Engel des Höchsten, vom König aller Könige gesandt dem Heiligen, gelobt sei Er.
Segnet mich zum Frieden, Engel des Friedens, Engel des Höchsten, vom König aller Könige gesandt dem Heiligen, gelobt sei Er.
Euer Ausgang sei zum Frieden, Engel des Friedens, Engel des Höchsten, vom König aller Könige gesandt dem Heiligen, gelobt sei Er.
כי Seine Engel entbietet Er dir, dich auf allen deinen Wegen zu behüten. Der Ewige möge deinen Ausgang und deine Einkehr behüten von nun an bis in Ewigkeit.

שָׁלוֹם עֲלֵיכֶם מַלְאֲכֵי הַשָּׁרֵת מַלְאֲכֵי עֶלְיוֹן
מִמֶּלֶךְ מַלְכֵי הַמְּלָכִים הַקָּדוֹשׁ בָּרוּךְ הוּא
בּוֹאֲכֶם לְשָׁלוֹם מַלְאֲכֵי הַשָּׁלוֹם מַלְאֲכֵי עֶלְיוֹן
מִמֶּלֶךְ מַלְכֵי הַמְּלָכִים הַקָּדוֹשׁ בָּרוּךְ הוּא
בָּרְכוּנִי לְשָׁלוֹם מַלְאֲכֵי הַשָּׁלוֹם מַלְאֲכֵי עֶלְיוֹן
מִמֶּלֶךְ מַלְכֵי הַמְּלָכִים הַקָּדוֹשׁ בָּרוּךְ הוּא
צֵאתְכֶם לְשָׁלוֹם מַלְאֲכֵי הַשָּׁלוֹם מַלְאֲכֵי עֶלְיוֹן
מִמֶּלֶךְ מַלְכֵי הַמְּלָכִים הַקָּדוֹשׁ בָּרוּךְ הוּא

Frieden für Alle

Frieden für alle, Engel des Dienstes,
Engel des Himmels
gesandt vom König der Könige,
vom Herrn gesegnet.
Ihr seid, oh, so willkommen,
Engel des Friedens, Engel ...
Gesegnet mit Frieden,
Engel des Friedens, Engel ...
Verlasse in Frieden,
Engel des Friedens, Engel ...

MÖGEST DU EINGESCHRIEBEN UND BESIEGELT SEIN FÜR EIN GUTES JAHR

WAS IST ROSCH HASCHANAH?
DAS BUCH DES LEBENS

Am ersten Abend von Rosch Haschanah, nach dem *Neujahrsfest* Gottesdienst, sagen wir zueinander den traditionellen Segensspruch: »Mögest Du eingeschrieben und besiegelt sein für ein gutes Jahr.« Unsere Weisen erklären, daß wir alle an Rosch Haschanah vor G'tt vor Gericht stehen - ,so wie eine Schafherde vor ihrem Hirten'. Wenn wir es wert sind, werden wir in das »Buch des Lebens« »eingetragen«.

Das Gebet, das die Mauern zum

In einem kleinen Dorf nahe der Stadt Medzibusch lebte ein gläubiger, aufrichtiger Jude. Um seinen Lebensunterhalt zu verdienen, war er gezwungen, in einem Dorf in einer nichtjüdischen Umgebung zu wohnen, aber jedes Jahr, am Anfang des Monats *Elul*, verließ er sein Dorf und ging nach Medzibusch, wo der *Baal Schem Tow* lebte. Er pflegte bis nach *Jom Kippur* in der Stadt zu verweilen, und was er an diesen Tagen aus der Quelle des Judentums schöpfte, nährte seine Seele im Alltag des ärmlichen Dorfes.

Der Jude hatte einen einzigen Sohn, der aber seinem Vater kein *Nachess* verschaffte. Der Junge war töricht und nichts ging in seinen Kopf hinein. Es gelang ihm noch nicht einmal, das Alphabet zu erlernen.

Als sein Vater das erkannte, fand er sich damit ab und fing an, seinem Sohn einfache Arbeiten zuzuteilen. Er wurde Schafhirte und kümmerte sich um das Vieh. Um seinen Hals hing eine Trillerpfeife, die er benutzte, um die Rinder zusammenzutreiben.

So vergingen die Tage und der Junge wurde dreizehn Jahre alt. Zur »*Bar-Mizwah*« des Jungen beschloß sein Vater, etwas Außergewöhnliches zu tun: Er wollte den Jungen nach Medzibusch mitnehmen. Vielleicht würde das geistige Licht, das es dort im Überfluß gab, die harte Schale, die die Seele des Jungen umschloß, durchdringen.

Aber der Junge war nicht beeindruckt. Er wollte noch

Fallen brachte

nicht einmal am Rosch Haschanah in die Synagoge *Neujahrsfest*
gehen und verbrachte seine Zeit mit Vergnüglichkeiten.
Als aber Jom Kippur kam, willigte der Junge ein und
schloß sich seinem Vater zum Gebet in der Synagoge an. *Gotteshaus*
Als der einfältige Junge die Synagoge betrat, war er überrascht: In Weiß gehüllte Juden drängten sich eng im
Raum zusammen, schaukelten pausenlos hin und her,
erhoben von Zeit zu Zeit ihre Stimmen, weinten und
schrien. Da war etwas, das das Herz des Jungen berühr-
te. Regungslos stand er mit aufgerissenen Augen da und
war ganz versunken in das Geschehen um ihn herum.
Stundenlang verharrte der Junge auf seinem Platz und
sein Herz war voll mit einem seltsamen, ihm unbegreifli-
chen Gefühl. Er verspürte einen inneren Druck, der
immer stärker wurde und seinen Weg nach draußen
suchte.
Seine Hand wanderte zu seiner Hosentasche. Dort lag
die Trillerpfeife, von der er sich niemals trennte; auf dem
Feld, wenn er sich aus irgendeinem Grund ärgerte, pflegte er lange zu pfeifen und so seine Ruhe wiederzufinden.
Als der Vater die Handbewegung des Jungen sah, streckte er seine Hand aus, um zu verhindern, daß der Sohn
den verbotenen Gegenstand aus der Tasche nahm.
Lange verharrte der Junge in einem Strudel von
Gefühlen, die er in seinem Inneren verbarg. Da kam die
Stunde der »Ne'ila« und die Spannung in der Synagoge *Schlußgebet*
steigerte sich. Die Betenden schauten auf ihren

Geistiger Führer, Prediger

Rabbiner, den heiligen Baal Schem Tow, und bemerkten, daß es ihm nicht gelang, die Tore des Erbarmens zu durchbrechen. Die Angst der Betenden wurde immer größer und der Junge konnte nicht mehr an sich halten. Mit einer hastigen Bewegung zog er die Trillerpfeife aus seiner Hosentasche und ein langgezogener, durchdringender Pfiff durchschnitt den Raum.

Die Betenden fuhren erschrocken zusammen und der arme, beschämte Vater begann mit seinem Sohn zu kämpfen, um ihm die Pfeife aus der Hand zu nehmen. Da

Betschal

zog der Baal Schem Tow sein Talles von seinen Augen und machte dem Vater ein Zeichen, den Jungen in Ruhe zu lassen.

»Und am Jom-Kippur-Ausgang«, so erzählten die Chassidim, »sagte der heilige Baal Schem Tow: »Gerade der Pfiff aus der Trillerpfeife des unwissenden Jungen

Gerechten

wurde von G'tt erhört, mehr als die Gebete der Zadikim

Frommen

und der Chassidim. Durch dieses »Pfeif-Gebet« wurden die Mauern des Himmels zum Fallen gebracht und die Tore des Erbarmens taten sich auf.«

Spielt die Geschichte nach - könnt ihr verstehen, wie der Vater, der Sohn, der Rabbiner, die Betenden sich fühlten?

Wieso war es der Pfiff des Jungen, der die Mauern zum Einstürzen brachte?

Maurycy Gottlieb:
Juden beten in der Synagoge am Jom Kippur

Die Laubhütte der Gefangenen

Das war eine sonderbare Stadt! Sie bestand aus lauter gleichartigen, niederen, langgestreckten Holzhäusern, die man Baracken nannte. Nur ein Haus, worin Soldaten wohnten, war aus Stein gebaut. Um die ganze Stadt war eine hohe Bretterwand gezogen, und vor den beiden Toren schritten Soldaten als Wache auf und ab.

In diesem eigentümlichen Städtchen wohnten, außer den Soldaten, nur Juden. Im Lande, wo sie früher gelebt hatten, herrschte jetzt Krieg und die bösen Feinde hatten sie alle, Männer, Frauen und Kinder gefangen genommen und hierher gebracht.

Sie wurden hier aber nicht schlimm behandelt. Im Barackenlager, so nannte man die hölzerne Stadt, durften die Juden treiben was sie wollten. Da gab es Schuster, Schneider und viele andere Handwerker, die für die Bewohner des Barackenlagers und sogar für die Leute in den nahen Ortschaften arbeiteten. Auch eine Schule und ein Bethaus hatten sich die Juden errichtet. Doch fast nie durfte einer von ihnen die hölzerne Stadt verlassen: Sie waren ja Gefangene! Wenn sie etwas benötigten, konnten sie es sich durch Bekannte und Verwandte durch die Post senden lassen.

Als nun das Laubhüttenfest kam, schickten die Verwandten schöne Sukkothsträuße und zu jedem Strauß einen Ethrog. Aber Laubhütten, in denen man die Festtage verbringen kann, vermochten sie natürlich nicht zu senden.

Die Bewohner des hölzernen Städtchens wollten sich deshalb selbst ihre Laubhütten erbauen. Aber der Hauptmann der Soldaten sagte, er könne ihnen nur sehr wenig Holz geben und gestattete nur einem Juden ein einziges Mal außerhalb des Lagers Laub für das Dach zu holen. Das gab nun eine große Sorge für die Juden. Jede Familie wollte, zumindest während der Mahlzeiten, in einer Laubhütte weilen und nun besaßen sie alle, es waren Tausende Leute, nur eine einzige kleine Hütte!

Das Laub, das von draußen in das Barackenlager gebracht worden war, lag erst eine Weile stumm und erschrocken auf der Hütte. Dann reckten sich einige Blättchen empor und guckten neugierig umher.

»Wie schrecklich sieht es hier aus!« sagten sie. »Wir sind das einzige Grün weit und breit! Und wie armselig sind diese gefangenen Menschen gekleidet! Auch machen sie gar keine freundlichen Gesichter. Schade, daß wir für solche Leute abgerissen wurden und nun früher sterben müssen.«

Da fuhr der Wind zornig daher und sauste und zerrte die Blättchen, um sie für diese dummen Worte zu bestrafen. »Ihr seid doch Pflanzen und wollt Freude bereiten«, sagte er, »wäre es euch da lieber, glückliche Menschen zu erfreuen, als arme, traurige Gefangene? Wenn ich vor mehreren tausend Jahren, als die Juden aus Ägypten gezogen waren und lange umherirrten, durch die Wüste reiste, da habe ich oft gesehen, wie sich das Laub der

Bäume danach sehnte, die Hütten der müden Menschen zu zieren und kühl und schattig zu machen.«

In diesem Augenblick kamen zwei kleine Mädchen der Barackenstadt in die Hütte gelaufen, um diese zu besichtigen.

»Wie schön ist es hier!« rief das eine. »Nur aus vier Pfosten und einigen Latten besteht die Hütte, aber das Laubdach macht sie schöner als ein Königsschloß!«

»Und wie die Sonne lustig durch die Blätter guckt!« sagte das andere. »Dort die halbverwelkten, die rotgelben gefallen mir am besten.«

»Seht ihr«, säuselte der Wind den Blättern zu, »sogar euer Sterben, das euch selbst ja nicht wehe tut, bereitet diesen armen Leuten noch Freude.«

»Es tut uns wirklich leid«, antworteten ihm nun die Blätter, »daß wir zuvor so dumm gesprochen. Wenn wir könnten, möchten wir gerne an jedem Stengel noch ein neues Blättchen ansetzen, um ein noch schöneres Dach zu bilden.«

»Auch ich möchte mich gerne ausdehnen«, sagte das Holzgerüst der Hütte, »um mehr Leuten Platz zu bieten.«

»Auch ich möchte dann gerne viel länger werden«, sagte der Tisch.

Bald kam die erste Familie, um Mahlzeit zu halten und schon stellten sich viele Leute an, um nach dieser Familie dranzukommen. Mehrere wurden ungeduldig und drängten zu gleicher Zeit hinein.

»Was tut ihr denn?« riefen andere. »So viele kann doch das Hüttchen nicht fassen.

Aber sonderbar! Sie fanden alle Raum. Und immer mehr Leute traten ein und immer mehr dehnte sich das Gerüst, immer länger und dichter wurden die Laubzweige auf dem Dach und immer länger wurden Tisch und Bänke, so daß schließlich alle Juden des Barackenstädtchens in der früher so kleinen Hütte sitzen konnten. Und als die einfachen Speisen auf den Tisch gestellt wurden, da schmeckten diese so wunderbar, daß alle riefen: »Mah hu? Was ist das?« Wie einst die Israeliten in der Wüste gerufen hatten, als zum erstenmal Speise vom Himmel fiel.

Und jeden Tag kamen alle Juden in die Laubhütte.

Als die vielen, vielen Leute sie am siebenten Tage zum letztenmale verließen, wurde sie plötzlich wieder so klein wie früher. Aber daß sie sich so gewaltsam ausgedehnt hatte, muß ihr doch etwas geschadet haben, denn schon wenige Tage nach dem Sukkothfest brach sie zusammen. Allen tat es leid um die schöne Hütte, aber besonders die beiden Mädchen weinten bitterlich.

147

Die Silberkugel

Die folgende Geschichte handelt von einem Mädchen im damaligen Palästina, heute Israel, das mit seinem Nachbarn, einem älteren merkwürdigen Herrn, ständig Streit hat. Der Nachbar, Herr Taglicht, was im Hebräischen Or-Jom heißt, möchte unbedingt alle Namen auf Hebräisch ausgesprochen haben. Außerdem läßt er niemanden auf seinen Hof, aber das Mädchen geht trotzdem hinein.

An der Wand von Herrn Or-Joms Schuppen lehnten Dutzende hoher, runder Holzstangen. Diese Stangen wollte ich mir für das Laubhüttenfest ausleihen. Als wir sahen, daß Herr Or-Jom das Haus verließ, rannten wir auf seinen Hof. Avram, der flink war wie eine Katze, kletterte über den Zaun und reichte mir und Jizchak die Stangen herüber. Alles in allem nahmen wir neun Stück. Dann gruben wir in unserem Hof Löcher, steckten Holzstangen in die Erde und befestigten mit Hilfe von Schnüren und Nägeln die Stangen für das Dach. Dann spannten wir alte Bettücher als Wände um die Stangen und zogen los, um Laub und Zweige für das Dach zu suchen.

Schon bald hatten wir eine tolle und wunderbar ge-
schmückte Laubhütte.

Doch kurz darauf platzte Herr Or-Jom bei uns ins Haus
und tobte vor Wut. »Eure Tochter ist eine Diebin!« schrie
er. »Sie hat mir meine Stangen gestohlen.«

Mein Vater erklärte ihm, ich hätte sie mir nur geliehen,
und bat ihn, flehte ihn förmlich an, sie bis nach dem Fest
bei uns zu lassen. Doch Herr Or-Jom sagte: »Ich muß
mich doch sehr wundern über Sie, Se'evi, daß Sie diese
kleine Wilde noch unterstützen. Wenn sie die Stangen
nicht sofort zurückgibt, gehe ich zur Polizei.«

Ich hatte schon nichts mehr zu verlieren, deshalb sagte
ich: »Heißt das, daß Sie Ihre Stangen jeden Abend nach-
zählen? Oder daß Sie in unserem Hof herumspionieren?«
Ich verstand nicht, wie er gemerkt hat, daß sie fehlten.
Er hatte vielleicht hundert, wie konnte er da merken, daß
einige verschwunden waren? Dafür hätte er sie doch
zählen müssen.

Herr Or-Jom wurde so rot, daß ich dachte, er würde
gleich platzen. Er kreischte: »Was bist du doch für ein fre-
ches, unverschämtes Mädchen!« Und zu meinem Vater
sagte er: »Schauen Sie doch Ihre Tochter an, Se'evi, wie
Sie sie erzogen haben!«

Mein Vater fühlte sich vermutlich meinetwegen sehr
schlecht, aber er sagte: »Jeder kann sich mal irren.
Meine Tochter hat einen Fehler gemacht und wird daraus
lernen. Machen Sie sich keine Sorgen, noch heute

abend bekommen Sie Ihre Stangen zurück. Ich möchte Sie nur um eines bitten: Merken Sie sich, daß ich nicht Se'evi heiße. Ich heiße Wolf und werde immer Wolf heißen, wie meine Eltern und die Eltern meiner Eltern.«

»Nein!« kreischte Taglicht. »Se'evi! Nur Se'evi! Hier, im Land Israel, haben wir nur hebräische Namen, wie es uns der selige Ben-Jehuda gelehrt hat.«

Rot vor Wut verließ er unser Haus und knallte laut die Tür hinter sich zu. Der Knall hörte sich an wie eine Explosion. Mein Vater lief hinterher und schrie: »Es ist nicht nötig, daß Sie uns das Haus zertrümmern, Taglicht! Ich habe doch gesagt, daß Sie alles zurückbekommen.« Ich ging meinem Vater nach und sah, daß Rivka, die Stumme, am Fenster stand und zu uns herüberschaute. Ihr Gesicht zeigte Erstaunen. Am Zaun standen ihre Eltern und andere neugierige Nachbarn. »Was ist los?« erkundigten sie sich. »Was ist denn passiert?«

Bis zum Abend wußte bereits die ganze Straße über den Zwischenfall Bescheid. Als ich gegen Abend ins Lebensmittelgeschäft ging, meinte der Kaufmann: »Sag mal, spinnst du, dich mit diesem Verrückten anzulegen?«

Der Laden war voll, und es gab keinen Menschen, der sich nicht bemüßigt gefühlt hätte, mich zu tadeln. Ich verteidigte mich, sagte, ich hätte die Stangen ja nur geliehen und ich hätte mir nicht vorstellen können, daß er sich so aufregte, und außerdem stünden die Stangen ohnehin nur herum und würden zu nichts gebraucht.

Noch am selben Tag zerlegte mein Vater die Laubhütte und gab Taglicht die Stangen zurück.

»Wie schade«, sagte ich. »Ich wollte so gern, daß wir eine Laubhütte haben.«

Mein Vater warf mir einen seltsamen Blick zu und gab keine Antwort.

Am nächsten Tag kam ein Wagen voller Eukalyptuszweige bei uns im Hof an, und mein Vater baute eine wunderbare Laubhütte. Ich half ihm natürlich dabei, ich lud sogar Avram und Jizchak ein, sich an der Arbeit zu beteiligen. Im Austausch dafür schmückte ich ihre Laubhütte. Und so hatten wir, trotz des alten Herrn Or-Jom, in jenem Jahr ein fröhliches Laubhüttenfest.

Woraus besteht eine Laubhütte?
Hast du schon einmal in einer Laubhütte gegessen?
Schildere deine Erinnerung.
Hat das Mädchen richtig oder falsch
gehandelt, als sie sich die Stangen für
eine Laubhütte auslieh? Was hättest du
an ihrer Stelle gemacht?

G"tt der Welt!

Die Chanukkah Kerzen flimmern
gegenüber dem Weihnachtslicht.

Die Mazzot liegen auf dem Pessachtisch
Im Nebenhaus hängen die Ostereier.

Die Purimkostüme werden vorbereitet
kurz nach der Faschingsfeier.

Die Omerzeit wird täglich gezählt
bis zum Schlußtag von Pfingsten.

Das Gebet für den Schabbatausgang wird gesagt
kurz vor der Sonntagsruhe.

Und wenn ich zur Synagoge gehe
klingeln die Kirchenglocken.

Haben sie einen anderen G"tt?
Karin Levi

Dreidel-Spiel

Nach der Schändung des Tempels durch die Griechen und die darauffolgende Befreiung durch die Makkabäer gab es nur noch für einen Tag koscheres Öl. Doch die Menorah im Beit-Hamikdasch brannte acht Tage lang, bis wieder neues, reines Öl hergestellt war.

rein
Leuchter, Tempel

Zum Andenken an das Chanukkah-Wunder hat sich - schon im Mittelalter - bei den in Deutschland lebenden Juden das Dreidel-Spiel entwickelt. Diese Juden sprachen Jiddisch, das auch oft Judendeutsch genannt wurde.

Sie leiteten aus den Buchstaben die Spielregeln ab und spielten um Chanukkah-Geld:

bedeutet נֶם *nimm: alles aus der Mitte nehmen*

bedeutet גיב *gib: eine vorher abgemachte Menge in die Mitte legen*

bedeutet האלב *halb: die Hälfte der Münzen in die Mitte legen*

bedeutet שְׁטֶעל אַרײַן *stell ein: aussetzen*

Vier hebräische Buchstaben stehen auf den vier Seiten des Dreidels:

נ *steht für* נס *nes: das Wunder*

ג *steht für* גדול *gadol: groß*

ה *steht für* היה *haja: war*

ש *steht für* שם *scham: dort*

Man kann auch übersetzen:
»Ein großes Wunder geschah dort.«
Gemeint ist das Chanukkahwunder

Wie die Chelmer Purim feierten

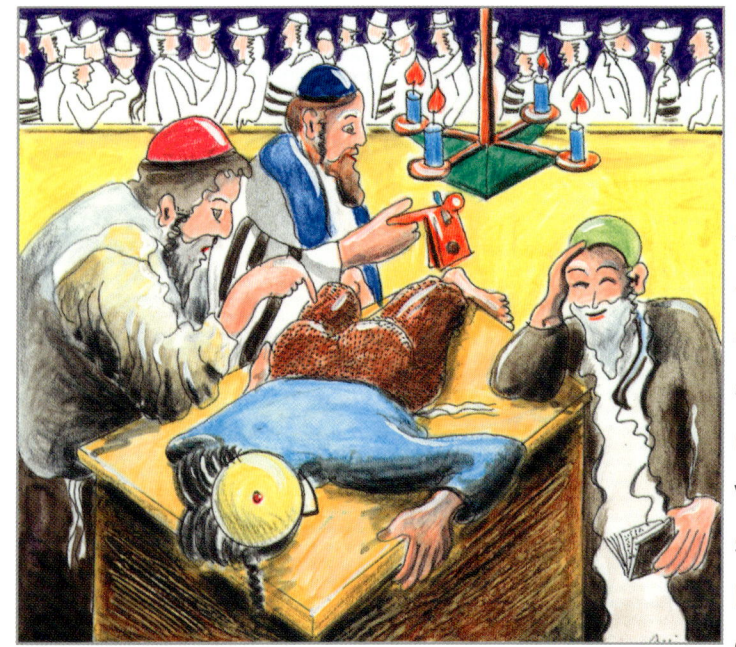

Die Chelmer waren fromme und gottesfürchtige Menschen, aber sie waren auch - wir mögen verschont bleiben - ziemlich arme Schlucker. Sie fristeten, nebbich, ihr Dasein mehr schlecht als recht, und die Zeiten waren auch nicht immer so, wie sie sein sollten.

Einmal waren die Zeiten - Gott behüte - besonders schlecht, und für die Chelmer wurde ein Stück Brot und *Synagogendiener* ein Hering bereits zu einem Festmahl. Bei dem Schammes der Stadt fehlte sogar am Schabbes der Hering zum Brot, und seine Hose trug er schon so lange, daß sie fast nur noch aus Löchern bestand.

Der arme Mann traute sich schon nicht mehr auf die *Bethaus* Straße, geschweige denn ins Beßmedresch. Deshalb suchte er Reb Schmuel-Jizchok auf, den klügsten unter den Weisen der Stadt, und fragte ihn um Rat.

»Gott wird helfen«, meinte dieser.

Doch Er, gelobt sei Sein Name, half nicht, Er ließ den Winter kommen.

»Was soll ich machen«, jammerte der Schammes. »Löcher halten nicht warm, und die Kinder - sie sollen leben - fangen schon an zu lachen, wenn sie mich nur von weitem sehen.«

Den Chelmern leuchtete seine Not ein. Sie berieten, wie sie ihrem Schammes helfen könnten.

»Der Schneider soll eine Hose nähen«, sagte Reb Mendel-Awrumik, der zweitklügste Mann der Stadt. »Wofür haben wir einen Schneider?«

Doch die Zeiten waren - Gott behüte - besonders schlecht, und der Schneider hatte keine Handbreit Stoff mehr auf Lager. Wieder berieten die Chelmer.

»Still«, sagte Reb Schmuel-Jizchok, und alle schwiegen ehrfürchtig. »Unsere Megille ist auf Leder geschrieben«, *Textrolle* fuhr der Weise fort. »Der Schneider soll das Leder nehmen und dem Schammes eine Hose daraus machen. Wenn, so Gott will, die Zeiten besser werden, kann man aus seiner Hose wieder eine Megille machen.«

So geschah es. Den ganzen Winter über erfüllte der Schammes treu und gewissenhaft seine Pflichten, und die Hose aus Leder bedeckte seine Blöße und hielt ihn warm.

Aber jeder Winter geht einmal vorbei, auch in Chelm, und dann kam das Purimfest. Wie man weiß, gehört das Hören der Megille zu den wichtigsten Verpflichtungen eines jeden Juden. Weil in der ganzen Stadt jedoch nur eine einzige Megille vorhanden war, die Hose des Schammes nämlich, blieb nichts anderes übrig, als den Schammes selbst auf das Lesepult zu legen und ihn zu drehen und zu wenden, bis man die Megille zu Ende gelesen hatte.

Dem armen Schammes, nebbich, wurde schwindlig von der Dreherei, aber was war das schon gegen die Tatsache, daß die Chelmer auch in jenem Jahr die Geschichte von Esther und Mordechaj hören konnten *festliches Gebäck* und die Kinder Hamantaschen bekamen.

REZEPT FÜR

Zutaten für den Teig:

4 Eßlöffel Öl
100 g Margarine
100 g Butter
1/2 Glas Zucker
1/2 Glas Orangensaft
4 1/2 Gläser Mehl
und 1 Backpulver
1 Vanille-Aroma
2 Eier

Alle Zutaten miteinander verrühren.

In der Purim-Geschichte wird die Megillat Ester erwähnt. Weiß du wovon sie handelt? Erinnerst du dich wie du das letzte Purimfest gefeiert hast? Erzähle davon.

HAMANTASCHEN

Den Teig im Kühlschrank mindestens 1 Stunde stehen lassen.

Für die Füllung:

200 g Mohn
1/2 Glas Milch
(oder Wasser)
2 Eßlöffel Zucker
50 g Rosinen
2 Eßlöffel Semmelbrösel

Diese Zutaten vermischen und zusammen 2 Minuten kochen lassen.

Zubereitung:
Den kalten Teig ausrollen und mit dem Glas runde Kreise ausstechen. Auf jeden Kreis einen Klecks Füllung geben, zusammenklappen und zu einem Dreieck fest zudrücken.

Backen: Bei 180 ° im Backofen ca 25-30 Minuten.

Guten Apettit und frohes Purimfest!

Wer steckt unter der Maske?

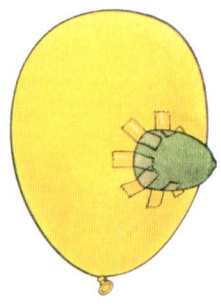

Wenn euch am Purimfest selbst eure besten Freunde und Freundinnen nicht erkennen sollen, dann bastelt eine von diesen knallbunten, schönen Masken. Die Arbeit daran nimmt zwar einige Zeit in Anspruch, aber dafür könnt ihr eure schönsten Ideen mit diesen Masken verwirklichen.

Material:

- Luftballons
- alte Tageszeitung
- Metylan instant
(Spezialkleister)
- Klebeband
- Abtönfarben
- Pinsel
- Gummiband
(etwa 30 cm)
- Schere

1. Wir blasen beide Luftballons auf. Die Größe des einen Luftballons richtet sich nach der Kopfgröße des Trägers. Für Kinder beträgt der Umfang (an der dicksten Stelle des Ballons) etwa 55 cm. Der andere Ballon sollte einen Umfang von ungefähr 20 cm haben.

2. Der kleine Luftballon wird in der Mitte des großen Luftballons als Nase mit Klebeband fixiert.

3. Wir rühren den Kleister nach Gebrauchsanleitung in einem leeren Marmeladenglas an.

4. Die Zeitungen werden in 5 x 5 cm große Stücke geris- sen oder geschnitten.

5. Die Zeitungsstücke ziehen wir durch den Kleister und kleben sie Schicht um Schicht (sechs- bis siebenmal) auf die vordere Hälfte des Ballons einschließlich der Nase. Beim Kleben denken wir schon daran, Aussparungen für

die Augen zu lassen. Wir können die Löcher dafür allerdings auch noch nach dem Trocknen mit einem spitzen
Messer herausschneiden.

Wer will, kann einzelne Wollfäden auf der Stirn der
Maske als Pony einarbeiten.

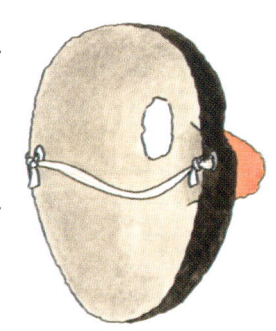

6. Nach dem Trocknen, in etwa 2 bis 3 Tagen, lassen wir
den Luftballon zerplatzen.

7. Nun können wir die Maske beliebig anmalen. Am
besten benutzen wir dafür die in jedem Baumarkt erhält-
lichen wasserfesten Abtönfarben. Dann überlebt die
Maske auch ein verregnetes Purimfest.

8. Ungefähr in Ohrenhöhe bohren wir nun mit der Schere
jeweils links und rechts ein Loch in die Maske. Wir ziehen den Anfang eines Gummibandes durch ein Loch und
verknoten das Band. Wir setzen uns die Maske auf und
führen das Gummiband über unseren Hinterkopf zum
anderen Loch. So haben wir die richtige Bandlänge,
damit die Maske später auch am Kopf hält. Das Ende
des Gummibandes ziehen wir durch dieses Loch und verknoten das Band.

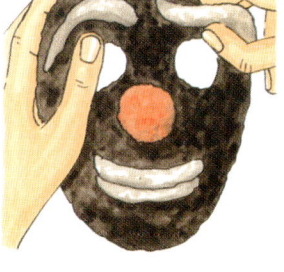

9. Hörner, große Ohren oder wulstige Lippen formen wir
zusätzlich vorne auf die Maske.

Mazzen fallen nicht vom Himmel

Immer dann, wenn Großvater gute Laune hatte, erzählte er lustige Geschichten. Die Großmutter schimpfte und

sagte: »Wo hast du das alles nur her?« Großvater lachte dann, blinzelte mit einem Auge und erklärte: »Das sind Mazzen, die vom Himmel fallen. Ich heb' sie nur auf.«

Als ich nach Deutschland kam und in den Religionsunterricht ging, lernte ich dort eines Tages, daß wir Juden ein Fest haben, an dem wir Mazzen essen. Ich wagte nicht zu fragen, ob man denn Geschichten wie Brot in den Mund nehmen und herunterschlucken kann.

Eines Tages sagte der Vorbeter der Gemeinde, bei dem ich mit meiner

Familie wohnte: »Die Mazzen können abgeholt werden.«
Tatsächlich standen in dem Büro große Kartons. Was
mochten diese merkwürdigen Mazzen bloß sein? »Aber
fallen die Mazzen denn nicht vom Himmel?« wollte ich
wissen, »so, wie es mir mein Großvater in Rußland
erzählt hat?« Alle lachten, und ich schämte mich. Der
Vorbeter aber sagte: »Weiß du was, Scheindel, am
Sonntag fahren wir alle in eine jüdische Stadt. Dort
kannst du dir deine Mazzen selber backen.«

ungesäuertes Brot

Zusammen mit Deborah Dinah, meiner liebsten
Freundin, und Benjamin Baruch, Deborahs kleinem
Bruder - das sind die Kinder des Vorbeters - fuhren wir
nach Antwerpen in Belgien. In einem jüdischen
Fischgeschäft sah der Verkäufer genau so aus wie mein
Großvater. Da mußte ich etwas weinen.

Dann gingen wir in ein jüdisches Haus. Im Keller war ein
großer Schulraum mit langen Tischen. Ganz viele Kinder
aus Holland, Frankreich und Belgien warteten dort
schon. Die Jungen hatten ein Käppchen wie der
Benjamin auf dem Kopf. Ein Mann mit Hut und Bart in
einem langen schwarzen Mantel begrüßte uns. Das war
der Rebbe.

Lehrer

Jedes Kind mußte sich die Hände waschen und erhielt
eine Schürze und eine Kappe aus Papier. Deborah und
ich durften mit noch ein paar großen Kindern an den

Tisch vom Rebben. Dort mußten wir dann Mehl in eine große Schüssel geben und mit Wasser zu einem Teig mischen. »Schnell, schnell, schnell!«, rief der Rebbe, und die vielen Kinder feuerten uns richtig an. Als der Teig fertig war, erhielt jedes Kind eine Kugel aus Teig, etwa so groß wie eine Faust. Mit einem runden Holz mußten wir nun den Teig auf den langen Tischen zu einem Fladen ausrollen. Benjamin kostete von seinem Teig, aber es schmeckte ihm nicht besonders. Nun erhielt jedes Kind ein Rad aus Plastik, an dem einige Stacheln waren. Damit rollten wir kleine Löcher in den Teig.

In einer Ecke des Raumes war ein Ofen aus Ziegelsteinen aufgebaut. Alle Kinder mußten nun ihren Teigfladen vorsichtig auf das runde Holz legen und zu dem Ofen tragen. Dort stand ein Mann, der den Fladen mit einer Holzschaufel in den Ofen legte und braun backte. Manchmal wurde der Rand auch ein wenig schwarz, und es roch verbrannt.

Die gebackenen Fladen, die aus dem Ofen kamen, waren Mazzen. Ich hatte mir eine Mazze selber gebacken! Jedes Kind, selbst die kleinsten, hatten mitgeholfen und sich ihre Mazze selber hergestellt. Als wir fertig waren, kam der Rebbe zu uns. Er sang mit uns ein Lied und sprach genauso wie mein Großvater. Wir sangen: »Mir wellen Moschiach nu!« oder »We want Moschiach now!« Dabei tanzte der Rebbe mit uns. Es war alles sehr fröhlich. Auch unser Vorbeter sang jüdische Lieder, und der

Messias

Rebbe freute sich.

Eine Woche später beim Seder-Abend im Haus unseres Vorbeters haben wir dann gelernt, warum wir Juden Mazzen essen. Jetzt weiß ich, daß die Mazzen nicht vom Himmel fallen. Aber wenn ich mich dabei an meinen Großvater erinnere, dann denke ich, daß der auch ein bißchen recht hat.

Eure Scheindel

Mein Auszug aus Ägypten

Mein Vater drehte den Schlüssel der Wohnungstür zweimal um, dann kam er in das erleuchtete Wohnzimmer. Auf dem Tisch brannten in silbernen Leuchtern acht Kerzen. Weinflaschen mit langen Hälsen schimmerten rot. Anikó, gewaschen und strahlend, saß neben ihrem riesigen Vater und betrachtete die Löwenköpfe, mit denen die Kerzenständer verziert waren. Mein Vater goß Wein in die Gläser. Wir schlugen die Haggadoth auf der ersten Seite auf und lasen leise.

Die Sederfeier hatte begonnen.

Ich verstand nicht, was da geschrieben war. Die Buchstaben waren mir fremd, und ich wunderte mich, warum man sie von rechts nach links las, nicht umgekehrt. Doch neben den hebräischen Wörtern gab es eine ungarische Übersetzung. Ich beugte mich über das Buch und las, wobei ich mit dem Finger jede einzelne Zeile entlangfuhr. Plötzlich war unser Wohnzimmer verschwunden, die Gestalten verschwammen.

Ich bin in Ägypten. Um mich herum sind Palmen und Pyramiden. Schwitzende Leiber von Juden bewegen sich in einer Reihe vorwärts. Auf ihren Rücken schleppen sie

Steine. Die Peitsche knallt. »Schnell! Schnell!« Blut tropft in den Sand.

Ich sehe Moses, den Säugling, in einem Korb auf dem Nil, und die Tochter des Pharao, die erstaunt ausruft: »Schaut, ein Kind!« Und dann sehe ich den Pharao ... den bösen, harten Pharao, dessen Palast aus Gold und Marmor besteht. Er hat ein hochmütiges Gesicht und stolze Augen.

Und dann ... dann kommen die Plagen! Blut ... Bäche von Blut, Frösche in Mengen bedecken die Erde! Und Stechmücken! Die Viehpest, die Blattern, der Hagel, der alles zerstört, und die Heuschrecken, die über die Felder herfallen und sie kahlfressen. Und die schreckliche Finsternis und die Tötung der Erstgeburten. Das Gesicht des Pharao wird blaß, und das Gold in seinem Palast hört auf zu glänzen ...

Der Auszug aus Ägypten. Meine Füße versinken im Sand. Um mich herum sind viele Menschen, und ich werde von dem Strom mitgeführt. Kamele schreiten träge dahin, Esel schleppen Bündel auf ihren Rücken. Die Pyramiden liegen weit hinter uns am Horizont. Vor uns - das Meer. Plötzlich hören wir einen donnernden Lärm! Das Heer des Pharao verfolgt uns. Stampfende Pferdehufe, Wagen, die heranrasen, Schlachtrufe!

Moses hebt den Stab - das Meer teilt sich. Wir gehen schnell hinüber, wir rennen und schieben. Zum Ufer! Der Wagen des Pharao ist dicht hinter uns. So nah ist das

Ufer! Noch eine letzte Anstrengung, wir klettern mit letzter Kraft hinauf. Hinter uns schlagen die Wellen des Meeres mit ungeheurem Lärm zusammen. Ich kann nicht hinschauen ... dort versinkt alles ... das gesamte Heer und die Pferde und der vergoldete, blitzende Wagen ...

Moses erhebt sich schweigend. Prüfend betrachtet er den blauen Horizont. Weinen ist zu hören. »Wir sind gerettet! Wir sind gerettet!« schreit das Volk, und ich denke: Wir gehen nach Erez-Israel.

Land, Heimat

Der Strand, die Menschen, alles verschwimmt.

»Was ist denn mit dir?« fragte mein Vater.

Und auf einmal war alles wieder an seinem Platz. Die Wände und die Möbel und die Menschen und die Kerzen, die auf dem Tisch flackerten. Ich legte die Hände vor das Gesicht.

»Nichts, Papa, gar nichts.«

Erstaunte Blicke musterten mich. Sah ich so seltsam aus?

»Du hast geweint«, stellte Anikó fest. »Bestimmt hast du das Bitterkraut gerochen ...«

1. Beide Geschichten handeln von Pessach, aber von ganz verschiedenen Dingen. Was ist das Besondere an diesem Fest?
2. Eine Woche lang nur Mazzen zu essen, ist ziemlich schwierig. Hältst du es für wichtig, es dennoch zu tun? Wenn ja, warum?

Rivka Keren

wurde 1946 in Ungarn geboren und lebt seit 1957 in Israel. Schon mit 17 Jahren begann sie zu schreiben und zu malen, zwei Dinge, die sie bis heute tut. Ihr erstes Buch wurde 1970 in Israel veröffentlicht, ihre erste Bilder-Ausstellung 1981. Nach ihrem Kunststudium in Jerusalem und New York hat sie als Bibliothekarin an der Bar-Ilan Universität in Ramat-Gan gearbeitet und dann zusätzlich Psychologie studiert.

Rivka Keren hat bislang 11 Bücher - für Erwachsene und für Kinder - geschrieben, für die sie mehrere israelische Literaturpreise erhalten hat. Ihre Bilder wurden in verschiedenen Ausstellungen in Israel und 1985 auch in Düsseldorf gezeigt. Bereits 1973 erschien ihr Buch: Kati, das Tagebuch eines jungen Mädchens, das jetzt in Deutsch erscheinen wird und aus dem der hier abgedruckte Ausschnitt: »Auszug aus Ägypten« stammt.

»Es ist schön, 13 zu werden«:

Mit 13 Jahren wird der Junge Bar Mizwah, was übersetzt >Sohn der Pflichten< heißt. Es ist ein Fest für jüdische Jungen, die nach ihrem 13 Geburtstag in die jüdische Gemeinde als vollwertiges Mitglied aufgenommen werden. Nach der Bar Mizwah dürfen sie aktiv am Gottesdienst teilnehmen und aus der Torah lesen.
Die folgende Erzählung schildert von den Feierlichkeiten:

David schaut nervös auf seine Uhr. Halb zehn. Jetzt beginnt der Gottesdienst in der Synagoge. Von allen Seiten strömen die Leute festlich gekleidet herein. Frauen nach oben und Männer nach unten. Er versucht, unauffällig nach oben zu blicken, um vielleicht seine Mutter oder seine kleine Schwester zu erkennen. Fast wäre ihm dabei seine Kippa, seine Kopfbedeckung, heruntergefallen. Er kann niemanden erkennen. Zu viele Gesichter drängen sich ihm ins Blickfeld und er weiß, daß sie ihn alle anschauen. Er verspürt ein leichtes Kratzen im Hals. Hoffentlich versagt seine Stimme nicht. Hoffentlich kann er den Text richtig sprechen. Da ergreift Vater seine Hand und sie gehen gemeinsam in die erste Reihe, wo sein Religionslehrer steht, Herr Weiß, der ihn ein halbes Jahr auf diesen Tag vorbereitet hat. Heute am Schabbat wird David in die jüdische Religionsgemeinschaft als vollwertiges Mitglied aufgenommen. Mit allen Rechten und Pflichten. Ein großer Tag für David - ein großer Tag im Leben eines jüdischen Jungen. Als David endlich aufgerufen wird, ist seine Angst vergessen. Mit klarer und lauter Stimme singt und liest er aus der großen Torah-Rolle, die vor ihm ausgebreitet ist.

Bar Mizwah

Nach dem Lesen geht David nach oben zur Kanzel und hält seine vorbereitete Rede. Da sie in deutscher Sprache ist und nicht wie alle Gebete in Hebräisch, fühlt er sich viel sicherer. Er dankt seinen Eltern und allen Verwandten, die sogar aus Israel und Amerika angereist sind, um diesen wichtigen Tag mitzufeiern. Dann ist alles vorbei. Und von der Frauengalerie regnet es Bonbons. David mag diesen Brauch: ein Symbol für Glück und Freude.

Und dann wird er von seinen Freunden und vielen Besuchern beglückwünscht. Jetzt lacht er und freut sich auf die große Feier heute abend im Hotel - da wird dann nur noch gefeiert mit Disco, Zauberer und Überraschungen. Eigentlich ist es schön, 13 zu werden - zumindest in diesem Augenblick.

Bat Mizwah

Mädchen werden mit 12 Jahren Bat Mizwah, das heißt übersetzt »Tochter der Pflichten«. Da Mädchen oft noch nicht aktiv am Gottesdienst teilnehmen dürfen, findet die Bat Mizwah-Feier meist in einem Hotel oder Restaurant statt und hat mehr den Charakter einer Party. In manchen Gemeinden, besonders in den Vereinigten Staaten, dürfen auch Mädchen aus der Torah vorlesen.

Warst du schon einmal zu einer Bar-Mizwah Feier in die Synagoge eingeladen? Erzähle, was du damals gefühlt hast!

Jungen feiern Bar-Mizwah, Mädchen Bat-Mizwah. Weißt du welche Unterschiede es gibt?

Wie möchtest du am liebsten deine Bar/Bat Mizwah feiern?

Kapitel V

MÄRCHEN - SAGEN - LEGENDEN

Das verschwendete Glück

Einem frommen Mann ging es einmal sehr schlecht. Er befolgte aber das Gebot der Weisen und lebte lieber in tiefer Armut, als von einem Reichen eine Wohltat oder

Regeln und Gesetze

ein Almosen anzunehmen oder gar darum zu bitten. Nur seiner Hände Arbeit sollte ihn ernähren.

Er hatte sich dieses Gebot so sehr zu eigen gemacht, daß er von ihm auch dann nicht abwich, als ihn eine schwere Krankheit so sehr schwächte, daß er nur noch mit Mühe sein Leben fristete. So elend ging es ihm, daß er schließlich seine Hütte nicht mehr verlassen konnte.

Als seine Not am größten war, trat ein Araber bei ihm ein. Der unterhielt sich einige Zeit mit ihm und bat ihn dann, zwei Silberstücke anzunehmen. Nicht als Geschenk - das hätte der Unglückliche zurückgewiesen – sondern als Darlehen, das eines Tages wieder zurückgegeben werden müßte. Darauf ging der arme Mann ein und versprach, mit dem Geld einen Handel anzufangen.

Und siehe da: Die zwei Münzen des unbekannten Arabers brachten ihm ein nicht erwartetes Glück! Schon das

Geldmünzen in alter Zeit

geliehenes Geld

Bewußtsein, nicht mehr in Not zu sein, machte den schwermütig Gewordenen wieder fröhlich und hoffnungsvoll.

Er begann, Arbeit zu suchen und erstaunte selbst, daß man ihn, obwohl er noch gebrechlich war, einstellte und bezahlte. Bald fing er einen kleinen Handel an und seine Geschäfte entwickelten sich gut, da er sich als ein frommer und ehrlicher Geschäftsmann erwies. Es dauerte gar nicht lange und er wurde ein wohlhabender Kaufmann.

So, im Besitze eines Vermögens, vergaß er den Araber und sein einstiges Elend völlig. Er vergaß auch seine Pflichten gegen G'tt. Der Reichtum machte sein Herz hart und selbstsüchtig. Er wußte nichts besseres mehr, als sich alle Genüsse der Reichen zu verschaffen und nur seinen Reichtum zu genießen.

größere Geldmenge

Eines Tages saß er bei einem Festmahl im Kreise leichtsinniger Männer und Frauen. Wie erschrak er da, als er den Araber, der ihm damals die zwei Geldmünzen gebracht hatte, in den Festsaal treten sah! Blaß vor Schreck erhob er sich, bat den unerwünschten Gast in einen anderen Raum und fragte ihn nach dem Grund seines Kommens.

Der Araber sah ihm mit starrem Blick ins Gesicht und verlangte sein Darlehen zurück. Als aber der Mann ihm zwei Silbermünzen reichte, wies er sie mit den Worten zurück: »Die gleichen gib mir wieder, die ich dir damals in der armseligen Hütte gegeben habe. Ich weiß, daß du sie noch besitzt!«

Zitternd holte der Kaufmann die Münzen aus einem Lederbeutelchen hervor, das er auf der nackten Brust trug und gab sie dem Araber. Der verließ das Haus, ohne die Einladung seines Schuldners, am Festmahl teilzunehmen, weiter zu beachten.

Kaum aber fühlte der Reiche die Münzen nicht mehr an seinem Herzen, befiel ihn die Hoffnungslosigkeit von einst. Und weil er nun nicht mehr an sein Glück glaubte, wurde er auch in seinen Geschäften nachlässig. Wenn früher alles zu Gold geworden war, was er in die Hand nahm, so wurde jetzt alles Gold zu nichts. Alles mißlang und sein Reichtum schwand so schnell dahin, daß er nach gar nicht langer Zeit wieder arm war. Nichts war ihm geblieben und er mußte wieder ein notdürftiges Bettlerleben führen.

ärmlich

Die Freunde, die seine guten Tage mit ihm geteilt hatten, verließen ihn und er hauste einsam und verzweifelt in einer alten Hütte. Er machte sich selbst die schwersten Vorwürfe.

Da erschien - wie von seinen Gedanken herbeigerufen - der Araber bei ihm. Mit ernster Freundlichkeit sprach er: »Du hattest den HERRN vergessen, du Armer. Nun büßt du!«

Der Unglückliche brach in ein Schluchzen aus: »Ja, es ist wahr: Ich habe schlimme Fehler gemacht und büße nun dafür! Das Schicksal hat mich grausam belehrt. - Du aber habe bitte Mitleid mit mir. War es nicht deine Hilfe, die mich auf den falschen Weg gebracht hat?«

Der Araber ließ sich von dem Armen Besserung geloben und gab ihm von neuem zwei Münzen. Die brachten dem Manne wieder Glück - bescheidener zwar, aber andauernder als jenes, das sein Herz so verdorben hatte.

Geschichten wie diese nennt man Legenden. Unsere Legende kann in drei Abschnitte eingeteilt werden. Suche zu jedem Abschnitt eine Überschrift und gib die Textzeilen an.

In jedem Abschnitt verhält sich die Hauptperson anders. Suche im Text.

Im 1. Teil der Legende lehnt der fromme Mann Almosen ab. Die Zedaka (Wohltätigkeit) des Arabers aber nimmt er an. Mach dir Gedanken über den Unterschied.

Vergleiche das Verhalten des Mannes im 1. und 2. Teil. Stelle die Gegensätze einander gegenüber.

Vergleiche nun sein Verhalten im 3 Abschnitt damit.

Legenden sind Geschichten aus alter Zeit. Sie wurden lange mündlich überliefert und haben einen wahren Kern. Kann man auch heute noch aus ihnen lernen?

ZUR INFORMATION: In manchen alten Legenden geht der Prophet Elijahu als Araber verkleidet unter den Menschen umher. Er tritt stets als Wundertäter und Tröster der Armen auf.

Der blinde Rabbi

Zu einer Zeit, als in Israel noch Könige regierten, lebte einmal ein blinder Rabbi. Eines Tages hörten die Einwohner von Jerusalem, daß der König mit seinem Heer in die Stadt zurückkehren würde. Jeder wollte dabeisein und so wimmelte es in den engen Gassen von Menschen, die alle in Richtung Hauptstraße liefen, um dort den Einzug des Königs zu beobachten. Auch der blinde Rabbi wollte sich dieses Ereignis nicht entgehenlassen. Begleitet von einem Schüler machte sich der Rabbi auf den Weg zum großen Platz vor dem königlichen Schloß. Dort hatten sich schon viele Menschen versammelt.

Gelehrte

Während alle aufgeregt auf die Ankunft des Königs warteten, fing einer der Umstehenden an, sich über den Rabbi lustig zu machen.

»Was willst du denn hier, Rabbi? Willst du etwa des Königs Kleider bewundern? Oder willst du uns sagen, wann der König kommt? Geh nach Hause, Rabbi, du siehst ja sowieso nichts.«

»Spotte nur«, antwortete der Rabbi lächelnd. »Ich werde eher wissen als du, wann der König an uns vorüberzieht.«

In der Zwischenzeit fingen die Menschen auf dem Platz an, ganz wild zu schreien: »Der König kommt, der König kommt!« Sie hatten den Lärm des näher kommenden

Heeres gehört. Auch der Mann, der sich über den blinden Rabbi lustig gemacht hatte, fing an zu schreien. Er rief dem Rabbi zu: »Du mußt den König begrüßen, der König kommt!« Aber der Rabbi ließ sich davon nicht beeindrucken. Er sagte zu dem Mann: »Du irrst dich, der König kommt noch nicht. Es ist nur der erste Teil des Heeres«. Er hatte Recht.

Nach einer Weile erhob sich ein Grollen und Donnern in den Straßen und die Erde fing an zu beben. Die Menschen auf dem Platz fingen wieder an »Der König kommt, der König kommt!« zu rufen. Aber auch diesmal schrie der Rabbi nicht mit ihnen und als das Getöse vorbei war, bemerkten alle, daß nur der zweite Teil des Heeres mit der Reiterei an ihnen vorbeigaloppiert war.

Nun zogen auch die Streitwagen, der dritte Teil des Heeres, mit großem Getöse an ihnen vorüber und dann wurde es auf einmal ganz still. Da rief plötzlich der blinde Rabbi: »Seht, der König ist da, unser König«! Und tatsächlich erhob sich in diesem Augenblick ein Brausen von all den Stimmen, die zur Begrüßung des Königs seinen Namen riefen.

Der Mann, der den blinden Rabbi verspottet hatte, fragte verwundert, wie der Blinde wissen konnte, wann der König vorbeiziehen würde.

»Ich habe mich an eine Geschichte erinnert«, erwiderte ihm der Rabbi, »die über den Propheten Elijahu erzählt wird. Sie handelt davon, wie G'tt, gelobt sei er, dem Propheten am Berg Horeb erschien. Elijahu verbrachte die Nacht in einer Höhle, als er die Stimme G'ttes hörte, die ihn herausrief. Da zerbrach ein gewaltiger Sturm die Felsen, aber G'tt war nicht in dem Sturm. Danach erzitterte die Erde, aber G'tt war nicht in dem Erdbeben. Nach dem Erdbeben kam ein Feuer, aber auch hierin war G'tt nicht. Auf einmal wurde es ganz still, und danach ertönte ein sanftes Sausen. Da verhüllte Elijahu sein Gesicht und trat vor die Höhle, um mit dem Allmächtigen zu sprechen.« Und mit diesen Worten verabschiedete sich der blinde Rabbi von dem Mann und ließ sich von seinem Schüler nach Hause begleiten.

Berg Sinai

Du hast schon einen ähnlichen Text im Lesebuch gelesen. Deshalb weiß du sicher noch, wie man solche Geschichten nennt.

Suche im Text die Aufteilung: Einführung - Hauptteil mit Höhepunkt - Auflösung am Ende.

Im Hauptteil verhalten sich der blinde Rabbi und die Menschenmenge unterschiedlich. Stelle die Verhaltensweisen einander gegenüber.

Wie auch in der anderen Legende spielt der Prophet Elijahu hanawi eine wichtige Rolle, wenn auch nicht direkt. Versuche das zu erklären.

Zusatzaufgabe: In alten griechischen Legenden wird oft vom »blinden Seher« erzählt, der den Menschen die Zukunft verheißt. Was bedeutet hier »sehen«?

Wie die Chelmer ihre Stadt erbauten

Die Chelmer, so sagt man, habe es immer gegeben. Aus einem Lächeln des Herrn der Welt seien sie entstanden, aus einem zufälligen Blinzeln seiner Augen. Eine andere Geschichte berichtet, daß eines Tages ein Engel mit einem Sack voller Seelen über die Erde geschritten sei. Genau auf dem Berg neben dem Landstrich, in dem spä-

Stadt in Polen

ter die Stadt Chelm entstand, riß ihm der Sack. Einige Seelen fielen heraus, rollten den Hang hinunter und wurden zu Chelmern.

Wie dem auch sei, es gab sie, die Chelmer. Und es gab auch ihre Stadt, selbst wenn die Meinungen, wo sie sich wirklich befunden habe, bis heute auseinandergehen. Man weiß nur genau, daß sie am Fuß eines Berges lag. Damals, als die Chelmer ihre Stadt bauen wollten, schauten sie sich prüfend um und sagten: »Dort oben auf dem Berg, im Wald, stehen Bäume. Laßt sie uns fällen und aus dem Holz unsere Häuser bauen.«

Gesagt, getan. Mit Sägen und Äxten auf den Schultern zogen die Chelmer auf den Berg und machten sich ans Werk. Schwitzend und stöhnend hackten sie einen Baum nach dem anderen um.

Aus Tagen wurden Wochen, und aus Wochen Monate. Endlich hatten sie genug

Bäume gefällt und von Zweigen und Laubwerk befreit. Nun machten sie sich daran, die Stämme den Berg hinunterzubringen, und das war alles andere als leicht. Acht Männer waren nötig, um einen Stamm zu tragen. Mit ihrer Last auf den Schultern stiegen sie den steilen Hang hinab.

Sie hatten schon fast alle Stämme hinuntergeschafft, da kam zufällig ein Jude aus Litauen des Weges. »Was macht ihr da?« fragte er erstaunt, als er die Chelmer sah, die unter der Last der Stämme schier zusammenbrachen.

Landschaft im Baltikum, süd-westlich gelegenes Nachbarland Rußlands

»Das siehst du doch. Wir schleppen Holz zu Tale, damit wir uns eine Stadt bauen können.«

»Nebbich«, sagte der Litauer Jude. »Warum rollt ihr die Stämme nicht einfach den Hang herab?«

mitleidiger Ausruf in jiddischer Sprache

Die Chelmer ließen ihre Stämme fallen und kratzten sich hinter den Ohren. Dann beriefen sie eine Aßife ein und

Ratsversammlung

diskutierten die Angelegenheit lange und gründlich. Sieben Tage und sieben Nächte berieten und beratschlagten sie, bis sie zu drei wichtigen Entscheidungen kamen.

Erstens: Es gibt auch kluge Litauer. Zweitens: Dieser Mann hat recht. Und drittens: Der Rat dieses klugen Mannes muß befolgt werden.

So geschah es, daß die Chelmer in den nächsten Monaten alle Stämme den Berg wieder hinauftrugen, immer acht Männer einen Stamm. Sie stöhnten und keuchten und schwitzten und brachen unter der Last der Stämme schier zusammen, aber schließlich schafften sie es.

Als alle Stämme oben waren, taten sie, wie es der Litauer Jude gesagt hatte.

Und tatsächlich: Ein Fußtritt genügte, und die Stämme rollten den Hang hinunter.

Lies den ersten Absatz nochmal durch. Welche Erklärung für die Entstehung der Chelmer gefällt dir besser? Warum?
Was denkst du, was für Menschen die Chelmer sind?

Wie die Chelmer ihren Berg verschoben

Die Chelmer waren, gelobt sei der Ewige, fromme Menschen und vermehrten sich nach dem Willen des Herrn. Vielleicht mehrten sie sich sogar etwas zuviel, jedenfalls wurde ihren die Stadt immer enger, so wie die Hosen eines Reichen von Jahr zu Jahr enger werden. Die Häuser, die sie einst gebaut hatten, waren zum Platzen voll. Unter jedem Dach lebten die Menschen dicht gedrängt wie Schafe im Stall, und in den Stuben fanden die Mütter keinen Platz mehr, um die Wiege für ein neues Kind hinzustellen.

»Das ist doch kein Leben«, klagte Dwosche, die Frau des Totengräbers, als sie ihr siebtes Söhnlein - es soll gesund sein - in eine Schublade legen mußte, weil sie sonst keinen Platz mehr fand. Der Totengräber ging zum Gabbe, und dieser berief eine Aßife ein. Sieben Tage und sieben Nächte berieten die Chelmer, wie sie ihre Stadt vergrößern könnten, doch sie fanden keine Lösung. Vor lauter Kummer fingen sie an zu klagen und zu schreien.

»Still«, rief plötzlich Reb Schmuel-Jizchok, der klügste unter den Weisen der Stadt. Sofort schwiegen alle ehrfürchtig und schauten ihn an. »Hört, was ich euch sagen werde«, sprach der Weise. »Nur der Berg ist schuld. Er besetzt den Platz, auf dem wir neue Häuser bauen könnten.«

Die Chelmer nickten, daß ihre Schläfenlocken hüpften. »Wenn einem etwas im Weg ist und man nicht ausweichen kann«, fuhr Reb Schmuel-Jizchok mit erhobenem

jiddischer Name (Debora)

Synagogenvorsteher Ratsversammlung

jidd. Name (Samuel-Isaak)

lange Haarsträhnen an den Schläfen

183

Zeigefinger fort, »muß man versuchen, es aus dem Weg zu räumen. Deshalb werden alle Männer und Jünglinge der Stadt sich morgen am Fuß des Berges treffen. Gemeinsam werden wir ihn ein Stück verschieben und so Platz gewinnen für neue Häuser.«

Die Chelmer taten, was er gesagt hatte. Sie stellten sich vor dem Berg auf und begannen zu drücken und zu schieben. Sie bemühten sich so, daß ihnen der Schweiß von den Stirnen in die Bärte lief. Bald waren ihre Jacken und Hemden durchnäßt. Um sich ein wenig Erleichterung zu verschaffen, entledigten sie sich ihrer Kleidung, legten alles auf einen Haufen und machten sich wieder an die Arbeit.

Doch der Ewige, gelobt sei Er, hat nicht nur gute und aufrechte Menschen wie die Chelmer geschaffen, sondern *Gauner* auch allerlei Ganovim und andere Taugenichtse. Drei solche Ganovim kamen zufällig des Weges. Als sie den Haufen Kleidungsstücke entdeckten, überlegten sie nicht lange. Sie schnappten die Sachen und machten sich aus dem Staub.

Die Chelmer drückten und schoben und schwitzten und stöhnten und merkten nichts von diesem Bubenstreich. Nach einer Weile drehten sie sich um, weil sie sehen wollten, wie weit sie den Berg schon geschoben hätten.

Reb: Herr jidd. Name (Menachem-Abraham) »Brüder«, rief Reb Mendel-Awrumik erstaunt. »Schaut nur, wie weit wir den Berg bereits zur Seite geschoben haben. So weit, daß unsere Kleider schon nicht mehr zu sehen sind.«

Ermutigt und mit doppelter Kraft machten sie sich wieder ans Werk.

Noch eine Geschichte von den Chelmern! Sie erzählt uns viel vom Leben im »Schtetl«.
Wenn du wissen möchtest, wie die Chelmer und alle Juden im Schtetl sprachen, lies die Geschichte auf der folgenden Seite nochmal.

Wi asoj di Chelemer hobn

Di Chelemer sajnen gewen, baruch haschem, frume mentschn un hobn bafolgt peru werabu. Efscher hobn sej sich a bißele zu fil farmert, bechol-ojfn is geworn doß schtetl sejer eng far sej, asoj wi di hojsn bajm gewir wern enger fun jor zu jor. Di hajslech, woß sej hobn gebojt amol, sajnen zum zepukenisch ful gewen. Unter a jedn dach hobn gelebt mentschn kop ojf kop asoj wi di schof in schtal, und di mameß hobn nit gefinen kejn winkel in schtub, awekzuschteln doß wigele far doß naje ejfele.

»Asoj is'ß kejn lebn nit«, hot sich baklogt Dwosche, dem kabren sajn wajb, as si hot gemust aweklegn ir sibetn sunenju - er sol gesunt sajn - in a kindele - 'ß sol lebn in gesunterhejt - in a schublod, nit hobendik an andern plaz. Is der kabren gegangen zum Gabbe, un jener hot zunojfgerufn an aßife. Sibn teg un sibn necht sajnen sej geseßn un hobn geklert, wi grejßer zu machn doß schtetl, nor sej hobn nit gefinen kejn pitoren. Fun grojße dajgeß hobn sej ongehojbn klogn un wejnen.»Scha, schtil«, hot pluzem a ruf geton reb Schmuel-Jizchok, der ßame kligßte sokn fun schtot.

Tejkef umijad sajnen ale farschwign geworn fun grojßn derech-erez un hobn oijf im gekukt. »Hert, wos ch'wel ajch sogn«, hot er gesogt. »Schuldik is der barg. Er hot sich gechapt dem plaz, wo mir woltn kenen vergrejßern doß schtetl.«Di Chelemer hobn geschoklt mit di kep, as ß'hobn gezitert ire pejeß.»As ß'is do a sach, woß farschtelt dem weg, un ß'is nit mejglech eß'ojßzu«, hot reb

farukt dem barg

Schmuel-Jizchok wajtergesogt, hebendik dem tajtlfinger, »mus men epeß ton, as er sol farschwindn. Derfar soln ale mener un bachorim fun schtot morgn in der fri trefn sich bajm barg. Zusamen lomir im farukn un machn plaz asoj fir naje haislech.«

Di Chelemer hobn geton asoj wi er hot gesogt. Sej hobn sich awekgeschtelt farn barg un ongehojbn drikn un schtupn. Hobn sej gearbet asoj schtark, as der schwajß is geronen fun schtern un hot sich gegoßn ibern bord. Bald schojn sajnen gewen sejere kapoteß un hemden fitsch naß. Zu machn sich a bißele lajchter, hobn sej ojßgeton di malboschim, un alz awekgelegt ojf a hojfn un wajter geschtupt. Hot der ejberschter, haschem jißborech, nit blojs beschafn gute und erleche menschtn asoj wi di Chelemer, nor ganowim un schibenikes ojch. Draj asojne ganowim sajnen zufelik farbajgekumen ojfn weg. Hobn sej antdekt dem hojfn malbeschim un nischt lang geklert. Men chapt di mezije un lojft.

Di Chelemer hobn geschtupt un geschtojßn un geschwitzt un gekrechz un gor nischt bemarkt fun der awejde. Noch a zajt hobn sej sich umgedrejt zu seen, wi wajt sej hobn schojn farrukt dem barg. »Chewre«, hot a farwundertn schraj geton reb Mendl-Awrumik. »Gib a kuk, wi wajt mir hobn awekgeschtupt dem barg. Asoj wajt, as men set afile schojn nischt mer undsere malboschim. Gemutikt un mit dopltn kojach hobn sej sich gelost wider an di arbet.

Diese Sprache heißt Jiddisch.

Sie ist im Mittelalter (als es Ritter gab) in den jüdischen Gemeinden im Rheinland entstanden.
Als die Juden später nach Polen und Rußland zogen
und dort siedelten, nahmen sie ihre Sprache mit und
behielten sie bei.
Viele Wörter gleichen noch dem Deutschen, besonders
dem rheinländischen Dialekt, z. B. »epes« = etwas, ein
bißchen.

Eigentlich wird Jiddisch mit hebräischen Buchstaben
geschrieben.

זיבן טעג און זיבן נעכט זאײנען זײ געזעסן
און האבן געקלערט, װי גרעסער צו מאכן דאס שטעטל,
נור זײי האבן ניט געפונען קאײן פיתרון.

*Versuche einmal herauszufinden, welcher Satz aus
unserer Geschichte hier in Originalschrift abgedruckt
ist.*

Buchstaben aus dem jiddischen Alphabet:

alef	אַ אָ	o, a
bet	בּ	b
vet	ב	v
gimel	ג	g
dalet	ד	d
hei	ה	h
waw	וֹ	o
waw	וּ	u
waw, jod	וי	oj
waw, waw	וו	w
sain	ז	s
chet	ח	ch
tet	ט	t
jod	י	i
jod, jod	יי	ej
jod, jod	ײַ	aj
kaf, kaf-suffit	כ ך	ch
lamed	ל	l
mem, mem-suffit	מ ם	m
nun, nun-suffit	נ ן	n
samech	ס	ss
ain	ע	e
pei, pei-suffit	פּ ף	p
fei, fei-suffit	פֿ ף	f
zadi, zadi-suffit	צ ץ	z
kof	ק	k
resch	ר	r
schin	ש	sch
sin	שׂ	ss
tav	ת	t

Mirjam Pressler

ist eine bekannte Übersetzerin und Schriftstellerin. Ihr verdanken wir, daß wir die Geschichten der Chelmer heute noch gern lesen, denn sie hat sie aus dem Jiddischen in modernes Deutsch übersetzt. Über 100 Bücher hat sie für Kinder und Jugendliche aus vielen Sprachen ins Deutsche übertragen, vor allem aus dem Holländischen und dem Hebräischen. Dadurch wurde uns die israelische Jugendliteratur zugänglich gemacht.

Für ihre Arbeit als Übersetzerin hat sie mehrere Auszeichnungen und Preise erhalten.

Mirjam Pressler wurde 1940 in Darmstadt geboren und studierte an der Akademie für Bildende Künste in Frankfurt. Eine Zeitlang lebte sie in Israel in einem Kibbuz, kehrte dann nach Deutschland zurück, heiratete und bekam drei Kinder.

Sie lebt heute als freie Autorin in der Nähe von München. Dort hat sie neben den Übersetzungen auch 25 Kinderbücher geschrieben, u.a. »Nickel Vogelpfeifer«. Es ist ein Buch für Kinder ab 8 Jahren.

Im Gegensatz zu vielen anderen Erwachsenen hat Mirjam Pressler nicht vergessen, wie schwer Kindern oft ums Herz ist und wie unverstanden sie manchmal sind.

Deshalb erzählt sie in ihren Büchern von Kindern und

Jugendlichen, die mit Mut, Kraft und einer gehörigen Portion Chuzpe ihren eigenen Weg gehen. Dabei sind die Geschichten spannend und humorvoll geschrieben. In jeder Zeile spürt man die Zuneigung, die die Autorin ihren Figuren entgegenbringt.
Eine Schriftstellerin, die Mut macht!

Hier ein Ausschnitt aus diesem Buch:

»Zizipee, zizipee«, macht Nickel leise. »Eine Kohlmeise«, ruft Frau Friedrichs erstaunt. »Nickel, woher kannst du das so gut?« Nickel erhebt den Kopf. »Mach's noch mal«, fordert ihn Frau Friedrichs auf. Und sie holt, obwohl sie gerade keinen Sachunterricht haben, ein Buch und zeigt den Kindern, wie Kohlmeisen aussehen. Fast alle haben schon welche gesehen. Kannst du noch andere Vögel nachmachen?« fragt Frau Friedrichs.»Vielleicht morgen«, sagt Nickel und bindet die Schleife an seinem rechten Turnschuh, damit niemand sieht, wie er rot wird. »Nickel Vogelpfeifer« sagt Vanessa.

Nickel drückt seine Gefühle oft durch das Nachmachen von Tierstimmen aus, anstatt zu sagen, wie es ihm geht. Wenn er sich unglücklich oder ängstlich fühlt, heult er wie ein Kater oder grunzt wie ein Schwein. Zum Grunzen hat Nickel allen Anlaß, denn zu Hause geht vieles schief und sein Herzenswunsch - ein Fahrrad - rückt in weite Ferne. Zum Glück gibt es da noch Django, seinen großen Bruder. Und auf den ist immer Verlaß!

NICKEL VOGELPFEIFER
Verlag Beltz und Gelberg 1986
ISBN–3–407–78188–1

Noahs Taube

Wassermassen, die das Land überschwemmen, sodaß Mensch und Vieh ertrinken

Die Menschen waren so schlecht geworden, daß G'tt zur Strafe die Sintflut schicken wollte. Noah aber war ein rechtschaffener Mann, der mit seiner Familie gerettet werden sollte.

Noah baute deshalb eine Arche, um sich und alles, was zu ihm gehörte, vor dem Wasser zu retten.

Da versammelten sich alle Tiere der Erde um sein Rettungsschiff.

Die Tiere hatten gehört, Noah würde nur die besten von ihnen aufnehmen und begannen darum einen Wettstreit untereinander. Jedes Tier war bemüht, sich selbst zu loben und die anderen nach Möglichkeit schlecht zu machen.

»Ich bin der Stärkste. Es ist klar, daß ich gerettet werden muß«, brüllte der Löwe.

»Ich bin der Größte«, trompetete der Elefant. »Ich habe

den längsten Rüssel und die schwersten Füße.«

»Groß und schwer zu sein, ist nicht wichtig«, jappte der Fuchs. »Man muß klug sein und ich bin der Allerklügste.«

»Und was ist mit mir?« schrie der Esel. »Ich dachte, ich sei der Klügste.«

»Klug sein, das kann doch jeder«, stänkerte das Stinktier. »Ich dufte von allen am besten. Mein Geruch ist berühmt.«

»Ihr alle krabbelt nur auf dem Erdboden herum, ich bin der einzige, der auf Bäume klettert«, kreischte der Affe.

»Der einzige?« brummte der Bär. »Und was denkst du, tue ich?« »Mich vergeßt ihr wohl ganz?« fiepte das Eichhörnchen beleidigt.

»Ich gehöre jedenfalls zur vornehmen Familie der Tiger«, schnurrte die Katze.

»Ich bin mit dem Elefanten verwandt«, quiekte die Maus.

»Ich bin genauso stark wie der Löwe«, knurrte der Tiger. »Und ich habe dazu noch das schönste Fell.«

»Aber meine Flecken werden mehr bewundert als deine Streifen«, fauchte der Leopard.

»Ich bin der beste Freund des Menschen«, bellte der Hund.

»Du bist ein schwanzwedelnder Anschmeichler«, heulte der Wolf. »Ich dagegen bin ein stolzer Einzelgänger und kusche vor niemandem.«

»Bäh«, blökte das Schaf. »Das bist du nur, weil du so gefräßig bist. Wer nichts gibt, bekommt auch nichts. Ich gebe dem Menschen meine Wolle, und er sorgt für mich.«

»Du gibst dem Menschen Wolle, ich aber habe süßen Honig für ihn«, summte die Biene. »Natürlich habe ich auch ein Gift, das mich vor meinen Feinden schützt.«

»Was ist dein Gift schon, verglichen mit meinem?« zischte die Schlange. »Und außerdem bin ich der guten Erde näher als irgendeiner von euch.«

»Nicht so nah, wie ich es bin«, protestierte der Regenwurm und steckte seinen Kopf aus der Erde.

»Ich lege Eier«, gackerte das Huhn.

»Ich gebe Milch«, blökte die Kuh.

»Ich helfe den Menschen, die Erde zu pflügen«, prahlte der Ochse.

»Ich trage den Menschen auf meinem Rücken und habe die größten Augen von euch allen«, wieherte das Pferd.

»Du hast zwar die größten Augen, aber nur zwei, während

ich viele habe«, sirrte die Fliege dem Pferd genau ins Ohr.

»Verglichen mit mir, seid ihr doch alle Zwerge«, ertönte von oben herab die Stimme der Giraffe.

»Ich bin beinahe so groß wie du«, maulte das Kamel, »und kann tagelang ohne Wasser und ohne Nahrung durch die Wüste reisen.«

»Ihr zwei seid groß, aber ich bin dick«, prustete das Nilpferd. »Und ich bin ziemlich sicher, daß mein Maul das größte ist.«

»Da sei nicht zu sicher«, höhnte das Krokodil und gähnte.

»Ich kann wie ein Mensch sprechen«, quasselte der Papagei dazwischen.

»Du kannst ja gar nicht richtig sprechen. Du machst nur die Töne nach«, tockerte der Hahn. »Mein Kikeriki jeden-

falls habe ich selbst erfunden.«

»Ich sehe mit den Ohren und fliege nach meinem Gehör«, pfiff die Fledermaus.

»Und ich singe mit meinen Flügeln. Ist das nichts?« zirpte die Grille.

So stritten die Tiere miteinander.

Noah aber fiel auf, daß die Taube schweigsam auf einem Zweig hockte und sich am Streit nicht beteiligte.

»Warum bist du so still?« fragte Noah sie. »Hast du denn gar nichts Besonders an dir?«

»Doch«, gurrte die Taube, »aber darum bin ich nicht besser, klüger und schöner als die anderen; denn jeder von uns hat bei seiner Erschaffung etwas Besonderes bekommen, das ihn von anderen unterscheidet.«

»Die Taube hat recht«, sagte Noah, »hört auf zu prahlen und zu streiten. Ich werde euch alle in die Arche aufnehmen.«

Darüber freuten sich die Tiere, und bald war aller Streit vergessen.

*Diese Geschichte von Isaak Singer läßt sich sehr gut
nachspielen. Versucht es einmal!*

*Jedes Tier will das beste sein. Darum prahlt es nicht
nur mit seinen eigenen Fähigkeiten, sondern macht
auch noch die anderen Tiere schlecht. Findest du ein
Beispiel?*

*Warum meinen die Tiere bloß, so prahlen zu müssen?
Die Antwort findest du im Text.*

*Lies dir die Antwort der Taube mehrmals durch.
Diskutiere mit deiner Klasse darüber, worin diese Rede
sich von den Reden der anderen Tiere unterscheidet.*

*Noahs Taube ist noch heute ein Sinnbild (Symbol) für
etwas ganz besonders Kostbares. Weiß du, wofür?
Denke nach, warum.*

Portrait von Chaim Nachman Bialik

Chaim Nachman BIALIK

wurde 1873 in dem Dorf Radi in Wolhynien geboren. Das ist eine Gegend in Rußland. Als er 7 Jahre alt war, starb sein Vater. Von da an kümmerte sich der Großvater viel um Chaims Erziehung.

In der Bibliothek des Großvaters las der Junge alle Bücher, die ihm in die Hände fielen. Es waren religiöse, rabbinische Werke. Als er Bar-Mizwah wurde (also mit 13 Jahren) war er so belesen, daß seine Lehrer sagten, sie könnten ihm nichts mehr beibringen.

religiöse Volljährigkeit

So ging er nach Woloszyn und lernte dort in einer Jeschiwe. Mit 18 Jahren lernte Chaim Russisch, die Landessprache. Bis dahin hatte er, wie es im Schtetl üblich war, nur Jiddisch als Umgangssprache und Hebräisch als Sprache der Thora gelernt.

religiöse Hochschule

Sprache der Juden in Osteuropa

Er las viele Bücher jüdischer Schriftsteller in russischer Sprache, dabei interessierten ihn die zionistischen Ideen immer mehr. Er schrieb Gedichte und Geschichten, die auch diese Ideen zum Inhalt hatten. Eine Zeitlang lebte er in Odessa, wo sich damals viele jüdische Schriftsteller aufhielten.

Zionismus: die Idee von der Errichtung eines selbständigen jüdischen Staates

russische Stadt

Weil man vom Lesen nicht leben kann, verdiente er seinen Lebensunterhalt mal als Lehrer, mal als Kaufmann, bis er mit einem Freund einen Schulbuchverlag gründete und hier Gelegenheit fand, selbst Bücher zu schreiben. Inzwischen war er über zwanzig und verheiratet.

Chaim Nachman Bialik entwickelte sich zu dem anerkanntesten jüdischen Schriftsteller seiner Zeit. Er schrieb nicht nur in Jiddisch, sondern auch in Hebräisch, was damals ganz unüblich war und half damit, die Sprache der Bibel wieder zu einer lebendigen Sprache zu entwickeln.

Seine Geschichten gegen die Pogrome seiner Zeit, seine märchenhaften Geschichten, Volkslieder und Erzählungen sind bis heute erhalten.

gegen eine Volksgruppe gerichtete Zerstörung u. Plünderung

1917 kam es in Rußland zur Revolution. In der Folgezeit war es politisch sehr unsicher. 1921 mußte er fliehen. Er blieb zunächst in Berlin bis er 1924 nach Tel Aviv im damaligen Palästina zog.

Aufstand breiter Volksmassen zum Sturz einer Regierung

1934 starb Bialik in Tel Aviv.

Mit seinen Gedichten, in denen er vom Leid der Juden im damaligen Rußland erzählt, kämpfte er gegen Zerstörung und Verfolgung an. Sie sind auch heute noch wichtig. Aus seinen märchenhaften Geschichten und Volksliedern erfahren wir viel über die vergangene Welt des Schtetls.

König Salomo und der fliegende Mante

*Der nachfolgende Text ist von Chaim Nachman Bialik.
Woran erinnert dich die Geschichte? Was fällt dir daran
auf?*

1.Die Strafe des Windes

König im biblischen Israel

Federkleid

Salomo beherrschte die ganze Erde, Land und Meer und auch die **Fittiche** des Sturms. G'tt gab Salomo einen Zaubermantel, auf dem er vom Winde getragen wie ein Vogel überall hinflog, wohin sein Herz begehrte. Und der Mantel war sehr groß, vierzig Meilen lang und vierzig Meilen breit, ganz aus grüner Seide mit goldenem **Weberschiffchen** gewebt, und darauf waren Abbilder von allem gestickt, was es nur auf Erden gibt: Wild des Waldes und wilde Tiere der Erde, Vögel des Himmels und Fische des Meeres. Vier Fürsten hüteten den Mantel an seinen vier Ecken:

Werkzeug zum Weben von Stoffen

Assaf, der Sohn Berachias, Fürst der Menschen.
Remirat, Fürst der Geister.
Der Löwe, Fürst der Tiere und
der Adler, Fürst der Vögel.

Und wenn Salomo den Mantel bestieg und sich auf seinen Thron setzte, bestiegen ihn alle seine Fürsten und Diener und die Helden seines Heeres mit ihm und stellten sich in Ordnung vor dem Könige auf. Dann gebot

Von Chaim Nachman Bialik

Salomo dem Winde:

Komm, o Wind, erhebe dich!

Da wurde der Mantel vom Winde emporgehoben, mitsamt aller Last, die auf ihm stand und flog am Himmel
überall hin, wohin der König befahl. Er flog über Länder
und Meere, über Wälder und Wüsten fuhr er dahin. Und
wo Salomo wollte, dort senkte er sich hernieder. So aß
er sein Frühstück in Damaskus an einem Ende des Landes und sein Abendbrot in Madai, am andern Ende des
Landes.

Hauptstadt des heutigen Syrien.
Name eines alten Reiches

Eines Tages flog der König mit all seinen Dienern und
Fürsten auf dem Mantel; er erhob sich wie ein Adler hoch
in den Himmel, die Sonne beschien ihn
mit all ihrem Glanz und ihrer Pracht. Er
beugte sich hinab und sah, wie die Erde
unter ihm immer kleiner wurde, bis sie
ihm nur noch so groß wie ein Kürbis
erschien. Da füllte sich sein Herz mit
Hochmut und er rief aus:

»Gibt es denn noch einen König auf der
Welt, der so klug und weise ist wie ich?!«

Kaum war das Wort seinem Munde entflohen, begann
der Wind sich zu rühren und schüttelte viele Diener vom
Mantel herab. Da ergrimmte der König und schrie voll
Zorn:

»Wind, höre auf!«

201

»Nein«, antwortete der Wind, »höre du auf! Kehre zu deinem Gott zurück und laß ab von deinem Hochmut.«
Und Salomo war beschämt durch die Worte des Windes und verbarg sein Haupt in den Händen.

2. Machschma, die Königin der Frösche

Noch den ganze Tag flog der Mantel weiter, da kam er über einen Bach, an dessen Ufer Frösche hüpften und Salomo hörte, wie ein Frosch den andern voll Angst zurief:
»Eilt, meine Schwestern, eilt und verbergt euch im Bache, in Schilf und Rohr, daß nicht das Heer Salomos über euch komme und viele von euch töte!«
Da ergrimmte Salomo und rief dem Winde zu:
»Senke dich, Wind!«
Der Wind ließ den Mantel auf die Erde hinabsinken und Salomo befahl den Fröschen aus den Verstecken, aus Rohr und Sumpf, hervorzukommen. Sie kamen und standen vor ihm, und der König sprach zu ihnen voll Zorn:
»Wer von euch ist es und wo steckt er, der es sich einfallen ließ, über mein Heer das und das zu sagen?«
Ein Frosch trat hervor und sagte: »Ich!«
Der König erzürnte heftig über seine Verwegenheit und wollte ihn bestrafen; doch bezwang er sich selbst in seiner großen Stärke, und er fragte:
»Und warum sagtest du so etwas über die Helden mei-

nes Heeres?«

Und der Frosch antwortete: »Ich befürchtete, daß ihr über uns kommen und uns unserer Gesänge wegen fangen und so Gottes Zorn wider uns erregen würdet.«

Da spottete der König: »Singen auch die Frösche zu Gott?«

Der Frosch hob seinen Kopf und sprach: »Unser Anteil ist größer als deiner, mein Herr und König! Wieviel Lieder hast du? 1005! Und wir? Tag und Nacht hören wir nicht auf zu singen!«

Da senkte der König seine Stimme und fragte ruhig: »Und warum hast gerade du das gesagt?«

Der Frosch antwortete: »Weil ich die Königin der Frösche bin, mein Herr und König.«

»Und wie heißt du?«

»Mein Name ist Machschma!«

Und der König fuhr fort zu sprechen: »Noch eines will ich dich fragen, Machschma, sage mir doch ...«

Doch der Frosch sprach: »Es ist nicht recht, daß der Fragende auf seinem Sessel sitze und der Befragte auf der Erde. Hebe mich auf und setze mich auf deine Hand, dann will ich dir alle deine Fragen beantworten.«

Der König lächelte, tat ihr ihren Willen, hob sie auf, setzte sie auf seine Hand, die er seinem Gesichte gegenüber hielt, und dann fragte er:

»Sag mir doch, Machschma, Königin der Frösche, gibt es auf der ganzen Erde einen, der größer ist als ich?«

»Das gibt es wohl.«

»Und wer ist das?«

»Ich!«

»Und wieso bist du größer als ich?«

»Wenn ich nicht größer wäre als du, hätte mich dann Gott hierher geschickt, um mich auf deine Hand zu heben?«

Da wurde der König Salomo böse, warf sie auf den Boden und sprach:

»Du Tochter der Sümpfe, Schlammgeborene, weißt du denn noch nicht, wer ich bin? Bin ich nicht Salomo, der Sohn Davids, König in Jerusalem?«

Es antwortete der Frosch: »Nein! Staub bist du und zum Staube kehrst du zurück; was überhebst du dich, Erdenwurm?!«

Da wurde Salomo durch die Worte des Frosches tief beschämt und warf sich mit dem Angesicht zur Erde nieder.

Geschichten wie diese nennt man Fabeln. In ihnen sind Naturgewalten und Tiere ebenso wichtig wie Menschen. Sie verhalten sich auch menschlich.

Suche Stellen im Text, die das belegen.

Zweimal wurde König Salomo beschämt. Erzähle nach.

Lies den vorletzten Absatz durch und überlege, was er bedeuten mag.

Adam und Eva« *von Irma Singer (nacherzählt von Dodie Volkersen)*

Es war am letzten Tage der Schöpfung. Die ganze Welt *Erschaffung der Welt* war fertig und schön und die Sonne schien. Am schönsten war es im Garten Eden. Der glänzte in den buntesten Farben, denn die Berge waren alle aus glitzernden Edelsteinen. Das Gras stand hoch und war saftig. Alle Tiere, ob groß oder klein, freuten sich. Nur die Vögel waren ein wenig traurig. Sie hätten gerne gesungen, aber es war ja niemand da, der ihnen zuhören konnte. Blumen gab es noch keine. Da schuf G'tt aus einem Stück Erde den Adam.

Am Anfang war Adam begeistert über den schönen, großen Garten mit den schimmernden Bergen und lief über den grünen Rasen. Später setzte er sich zu den Vögeln, die auch gleich fröhlich loszwitscherten.

Adam sang mit ihnen um die Wette. Er schnitzte sich eine Flöte und spielte darauf den ganzen Tag. Wenn er Hunger hatte, pflückte er Birnen und Äpfel, wenn er durstig war, ging er zum Diamantenfelsen, aus dem ein klares Bächlein sprang und löschte seinen Durst.

Am Abend aber hätte er gerne mit jemandem gesprochen. Er ging zum Löwen, um mit ihm Freundschaft zu schließen. Der Löwe war damals noch zahm. Doch der verstand ihn nicht, drehte sich um und brüllte laut auf. Da ging Adam fort und kam zum weißen Schäfchen. Auch das verstand ihn nicht, sondern sprang einfach weiter über die Wiese.

Traurig ging Adam weg, setzte sich unter einen Apfelbaum und dachte nach. G'tt aber hatte Mitleid mit Adam und schuf aus seiner Rippe die Eva. Adam schlief gerade und als es Morgen wurde und er erwachte, sah er neben sich Eva liegen. Er hatte noch nie einen Menschen gesehen und wußte auch nicht, wie er selbst aussah. Deswegen fürchtete er sich vor Eva und lief weit weg von ihr.

Als Eva später erwachte, war sie sehr verwundert und sah sich im ganzen Garten um. Sie ging im Garten Eden herum und freute sich über alles. Als sie Adam in seinem Versteck entdeckte, erschrak sie und floh in eine andere Ecke des Gartens.

So lebten sie beide voreinander versteckt. Da kam der Mittag des zweiten Tages im Garten Eden und Adam wollte Eva doch ansehen, aber seine Angst hielt ihn zurück. Am Abend ging er Wasser schöpfen aus dem Bach, der aus dem Diamantenberge sprang und er sah hinauf zum blauen Himmel. Plötzlich fühlte er, wie sein Fuß an etwas Weiches stieß, das unter dem blühenden Apfelbaum lag. Er sah zur Erde und blieb stehen. Auf dem grünen Rasen lag Eva und schlief. Ihr glänzendes Haar, das schwarz war wie die Flügel der Amsel, bedeckte ihre halbe Gestalt.

Adam stand vor ihr und sah sie an, er hatte keine Angst mehr. Er wagte aber kaum zu atmen, um sie nicht zu wecken und doch hätte er so gerne ihr Gesicht ganz von der Nähe gesehen.

Er kniete nieder auf den Rasen und beugte den Kopf tief herab, bis seine schwarzen Locken auf seine bloße Brust fielen.

Als er gerade die langen Augenwimpern der schlafenden Eva bewunderte, schlug sie die Augen auf.

Evas Augen waren groß und erstaunt und Adam mußte einfach in sie schauen. Eva war zuerst erschrocken. Als sie aber Adams gute Augen sah, blickte sie hinein und konnte nicht mehr wegsehen.

Und wie sie einander in die Augen sahen, fing es an, vom Himmel Blumen zu regnen, Maiglöckchen, Veilchen, Rosen, Vergißmeinnicht und alle die duftenden Blumen.

Adam und Eva sahen sich nun im Garten Eden um und entdeckten, wie viel schöner der Garten geworden war, sie sahen all die vielen Blumen, die vom Himmel fielen und hörten das Singen der Vögel. Da sahen sie einander wieder an und lachten.

Sie reichten sich die Hände und schlossen Freundschaft für ihr ganzes Leben.

Von fallenden Sternen

Nachdem G'tt Himmel und Erde, die Sonne und den Mond erschaffen hatte, wollte er, daß der Mond nicht so alleine in der dunklen Nacht am Himmel wandern sollte. Also zeigte er seinen Engeln, wie man aus Gold und Silber kleine Sterne basteln kann. Die Engel waren von der Idee so begeistert, daß sie sich gleich an die Arbeit machten, denn dafür hatte G'tt ihnen nur drei Tage Zeit gegeben.

Nach zweieinhalb Tagen waren alle Sterne fertig und lagen ordentlich aufeinandergestapelt. Da kam der freche Wind und pustete so fest, daß die Sterne in alle Richtungen flogen. Die Engel hatten Mühe, sie wieder einzusammeln. Nun hatten sie nur noch einen halben Tag Zeit, um alle Sterne am Himmel anzukleben. Manche klebten sie deshalb nicht fest genug an und so kommt es, daß in heißen Sommernächten der Kleber nachläßt, und dann fällt manchmal ein Stern vom Himmel herunter.

Einem Stern ist dabei vor langer, langer Zeit etwas Besonderes passiert. Das war noch, bevor David König der Juden wurde. Er war noch ein einfacher Hirtenjunge und weidete seine Schafe in der Nähe des Waldes. Auch an diesem besonderen Tag übernachtete er im Wald. Neben ihm lag sein einfacher Holzschild, den er zum Schutz vor Löwen und anderen wilden Tieren brauchte. Der Himmel war voller Sterne, und weil der Tag sehr heiß gewesen war, stieg nun die warme Luft zum Himmel hoch und löste wieder einmal einen Stern vom Himmel ab.

Als David am anderen Morgen wach wurde, rieb er sich verwundert die Augen, kniff sich in die Arme um zu prüfen, ob er noch träumte: Auf seinem einfachen Schild leuchtete ein prächtiger Stern.

Später, als er dann der große König wurde, der in aller Welt berühmt war wegen seiner Weisheit und weil er so schön singen konnte, bekam er einen vornehmen Schild, besetzt mit Edelsteinen. In der Mitte aber glänzte der goldene Stern, der von seinem alten Holzschild stammte. Es war ja Davids Stern.

Die beiden Eltern und ihre vier Söhne saßen bereits um den weiß gedeckten Tisch, auf dem in der Mitte die Sederschüssel stand.

Schüssel, auf der die für das Pessachmahl wichtigen rituellen Speisen angeordnet sind

»Wir müssen noch ein wenig warten«, sagte der Vater. »Ich habe nämlich im Tempel einen armen, alten, fremden Mann getroffen, den habe ich zum Seder geladen.«

Synagoge

Mahlzeit am Vorabend von Pessach (Pessachmahl)

In diesem Augenblick öffnete sich die Tür und freundlich grüßend trat der Fremde ein.

Der fremde Mann setzte sich zu Tisch und bald darauf begann der Vater aus der Hagada vorzulesen.

Erzählung vom Auszug der Kinder Israel aus Ägypten

Chacham, der schon groß wie ein Mann und sehr klug war, las fleißig mit. Rascha war wohl auch schon groß genug, um klug zu sein, er war aber ein ziemlich frecher Junge. Plötzlich schlug er seine Hagada zu und rief: »Ich habe genug von dem langweiligen Vorlesen! Ich möchte schon essen!«

Der Kleinste, der noch nicht sechs Jahre alt war, verstand nichts von all' dem, was er heute sah und hörte. Ruhig saß er vor der aufgeschlagenen Hagada, in der er noch nicht zu lesen vermochte, und immerfort lutschte er an seinem Finger.

Auch der zehnjährige Tam saß ruhig da, ohne zu lesen, denn er konnte seinen Blick nicht von dem Fremden abwenden. Immer mußte er in dessen schöne, klare Augen schauen, immer mußte er den prachtvollen, weißen Bart betrachten.

Später, während des Mahles und nach dem zweiten Teil

jüdische Märchenwelt

des Seder erzählte der Vater seinen Kindern noch viel von den Wundern des Auszuges aus Ägypten. Aber mehr noch und viel schöner erzählte der Fremde. Er war auch in Palästina, dem Lande unserer Väter gewesen und schilderte, wie schön es dort sei. Besonders viel erzählte er aus der Zeit des Propheten Elia.

Chacham warf manche kluge Frage dazwischen, Rascha aber sagte: »Was kümmert mich all' das alte Zeug!« Und ohne sich ordentlich zu verabschieden - ging er schlafen.

Der Kleinste war schon lange bei Tisch eingeschlafen und die Mutter hatte ihn in sein Bett tragen müssen. Tam aber, der doch auch nicht groß war, blieb so lange wach, so lange der Fremde im Zimmer weilte.

Auch als er schon im Bett lag, konnte Tam keinen Schlaf finden.

»Wie schön muß es im Lande unserer Väter sein«, dachte er. »Morgen will ich nach Palästina gehen.«

»Aber ich kann nicht dorthin gehen«, dachte er dann wieder, »ich weiß ja nicht, wo unser Land ist.«

Und als der Knabe endlich eingeschlafen war, sah er im Traum einen flammenden Wagen, mit feurigen Rossen *Pferde* bespannt, zum Himmel emporfahren.

Plötzlich hielt der Wagen hoch oben in der Luft in seiner Fahrt an und der Mann, der darinnen saß, erhob sich.

Es war der fremde, alte Mann. Er erschien dem Kleinen im Traum noch viel größer und schöner.

»Du willst in das Land unserer Väter, kleiner Tam?« sagte der Greis. »Geh' nur und fürchte dich nicht! Ohne daß du mich siehst, will ich dich durch tausend Wunder führen und dir viel Schönes zeigen. Was du nicht selbst sehen kannst, von dem sollst du hören.«

sehr alter Mann

Rasch fuhr nun der flammende Wagen steil zum Himmel empor, so daß ihn Tam bald nicht mehr erblicken konnte.

Als Tam am frühen Morgen aufwachte, kleidete er sich rasch an, um zu dem alten Mann zu gehen, von dem er so wunderbar geträumt hatte. Im Hof, durch den er mußte, krähte soeben der Hahn.

»Warum bist du heute schon wach, kleiner Tam?« fragte dieser erstaunt. »Wohin willst du gehen?«

»Nach Palästina!« erwiderte Tam stolz. »Zuerst gehe ich aber zu dem alten, fremden Mann, der gestern in unserem Hause beim Seder gewesen. Ich muß ihn fragen, wo unser Land ist.«

»Weißt du denn, wo er wohnt!« fragte Herr Kikeriki.

»Nein, er hat nur gesagt, daß eine arme Witwe ihn während der Feiertage bei sich wohnen läßt. Ich will nun zu all' den armen Witwen unseres Ortes gehen und ihn suchen.«

»Warum fragst du da nicht lieber mich?« sagte der Hahn etwas gekränkt. »Ich, der ich den Verstand habe, Tag und

Nacht zu unterscheiden, werde doch auch so etwas wissen!«

»Bitte, lieber Hahn, sage mir doch, wo unser Land ist.«

»Siehst du dort den großen Feuerball, die Sonne, mitten im Morgenrot? Dort ist Osten. Nach dieser Gegend wendet sich dein Vater, wenn er betet. Dort liegt Jerusalem! Es ist aber sehr, sehr weit! Du mußt dir wohl etwas Essen mitnehmen, damit du nicht hungrig wirst.«

Da ging Tam in das Haus zurück, nahm einen kleinen Sack, steckte Mazzoth und einige Nüsse hinein; schnallte sich den Sack auf den Rücken und bald war er wieder im Freien.

ungesäuerte Brote, die zu Pessach gegessen werden

Er wanderte immer in der Richtung, in der er die Sonne erblickte. Und sonderbar! Wenn er einen Schritt machte, kam er wohl um zwanzig Schritte vorwärts, denn der Weg mit all' den Bäumen und Häusern an seiner Seite kam ihm entgegen und rollte unter seinen Füßen weiter. Bald aber befand sich Tam in einem engen Tal, das auf drei Seiten von hohen Bergen eingeschlossen war. Die Berge standen ruhig und wollten ihm nicht entgegenkommen. Da blickte er zum Himmel empor, um zu sehen, wo die Sonne stehe. Aber er merkte, daß sie höher emporgestiegen war und jetzt in einer anderen Richtung stand als vorher. Da wußte er nicht mehr, wo Osten war. Ratlos sah er sich um und endlich erblickte er eine Taube.

»Liebes Täubchen«, sagte er, »kannst du mir nicht sagen, wo ich da nach Palästina komme?«

»Das ist sehr weit!« erwiderte die Taube. »Ich war zwar noch nie dort, aber wo das Land ist, weiß ich wohl. Ich stamme nämlich von der Taube, die Noah ausgeschickt hat. Überall war damals noch Wasser und die arme Taube war vom vielen Umherfliegen schon so müde, daß sie bald ermattet in die Sündflut gefallen wäre. Doch da erblickte sie den Berg Zion. Das ist ein sehr niederer Berg. Trotzdem hatte das Wasser ihn nicht berührt und so wuchs auf ihm ein herrlicher Ölbaum, auf dem sie ausruhen konnte. Von diesem Baum hat sie das Blatt gebrochen, das sie Noah brachte.

Sintflut

einer der Hügel Jerusalems

Wer dorthin will, muß über das hohe Gebirge steigen. Dann kommt das weite Meer, über welches ich noch nie geflogen bin.«

»Nun, so will ich jetzt über die Berge klettern!« sagte Tam mutig und wollte weitergehen.

»Dazu bist du viel zu klein und zu schwach«, meinte die Taube. »Doch ich kann dir helfen! Setze dich nieder, ruhe Dich aus und iß ein wenig. Ich werde bald wiederkommen.«

Rasch flog die Taube fort, und kaum hatte Tam gegessen und ein wenig im Grase geschlafen, da kam sie schon wieder zurück. Sie trug jetzt einen wunderbar glänzenden Wurm im Schnabel.

»Das ist der Wurm Schamir«, sagte sie, »der so lange lebt, wie die Welt besteht. Was man mit ihm berührt, das spaltet er. König Salomo ließ mit ihm die Steine formen, mit denen er den Tempel baute.«

Tam nahm nun den Wurm Schamir, hielt ihn vor sich hin und sogleich öffnete sich der Berg so hoch und so weit, daß ein Junge bequem hineingehen konnte. Er betrat die Öffnung und schritt unter dem Gebirge immer weiter.

Weil aber der Wurm hell leuchtete, war es gar nicht finster
in dem langen, langen Gang.
Als Tam endlich aus dem
Gebirge hervorkam, wartete
die Taube auf ihn.

»Gib mir nun den Wurm Schamir wieder«, sagte sie. »Ich muß ihn in sein Versteck zurücktragen. Und niemandem darf ich sagen, wo er sich befindet.«

Sie nahm den Wurm und flog mit ihm davon.

Nun blickte sich Tam um und sah vor sich das weite Meer.

Wie sollte er über dieses unübersehbare Wasser kommen?

Da kam plötzlich ein Fisch auf ihn zu, der war so lang wie ein Haus und in seinem Maul war so viel Platz wie in einem Zimmer.

Tam fürchtete sich sehr und wollte schon davonlaufen, da rief der Fisch:

»Fürchte dich nicht, kleiner Tam! Mein Großvater hat wohl den Propheten Jona verschluckt, aber seit dieser Zeit haben wir Walfische einen so engen Schlund, daß wir keinen Menschen mehr verschlucken können. Und dich habe ich so lieb, daß ich dir nichts zuleide tun möchte.«

»Nun, so sage mir, lieber Walfisch«, bat Tam, »wie komme ich denn da nach Palästina?«

»Das ist sehr schwer!« meinte der große Fisch. »Ich habe weit und breit kein Schiff gesehen. Freilich könnte ich selbst dich nach Palästina bringen, aber vorher muß ich unseren König um Erlaubnis fragen.«

Rasch tauchte er unter das Wasser und schwamm hinab zum Meeresgrund. Dort lag Leviathan, ein Fisch, der so groß war, daß sein Leib um die ganze Erde herumging.

Tam mußte nicht lange am Ufer des Meeres warten, denn bald kam der Walfisch wieder empor. Auf seinem Rücken lag jetzt ein Teppich. Der war völlig trocken, obwohl er aus dem Wasser gekommen war.

»Ich darf dich nach Palästina tragen, lieber Tam«, sagte der Walfisch. »Setze dich auf meinen Rücken und hülle dich in diesen Teppich. Auf dem Meer wehen kalte Winde.«

Tam fürchtete sich noch immer ein wenig vor dem großen Walfisch, aber er wollte nach Palästina kommen und so stieg er langsam und ängstlich auf den Rücken des riesigen Tieres.

»Ei, was ist das für ein sonderbares, prächtiges Muster!« rief er verwundert, als er den Teppich nahm, um sich darin einzuwickeln. »So herrliche Farben habe ich noch nie gesehen!«

»Weiß du denn nicht«, sagte der Walfisch, »daß König Salomo einen Teppich besaß, der fünfzig Meilen lang und fünfzig Meilen breit war und auf dem er mit all' seinen vielen, vielen Soldaten, oftmals über alle Länder flog. Als nun König Salomo gestorben war, stahl einer seiner Diener seinen Teppich und flog mit ihm davon. Aber er verstand es nicht, mit dem Wunder-teppich umzugehen, und so fiel er mit dem riesigen Teppich ins Meer und ertrank. Der Teppich gehört nun Leviathan, dem König der Fische. Er hat ein Stück davon abtrennen lassen und es dir geschickt. Auf diesem Stück darfst du ein einziges Mal über euer Land fliegen, um es dir anzusehen.«

Tam freute sich, daß er in dem wunderbaren Gewebe so herrlich aussah und der riesige Fisch blitzschnell mit ihm durch das weite Meer schwamm.

»So, nun bist du an deinem Ziel«, sagte der Walfisch.

Tam stieg, noch immer in den Teppich gehüllt, ans Ufer. Der Walfisch aber rief nur noch: »Friede sei mit dir!« und schwamm davon.

Neugierig sah sich der Knabe um.

Da erblickte er in der Ferne einige Frauen, die hatten das Gesicht ganz mit Schleiern verhüllt. Auch einige Männer sah er. Die hatten dunkle Gesichter und trugen statt Kappen bunte Tücher um den Kopf gewunden.

»Das kann doch nicht unser Land sein!« dachte der kleine Tam verwundert. »Wenn ich nur wüßte, wo es ist! Ich will versuchen, ob mir der Walfisch die Wahrheit über den Teppich gesagt hat.«

Er stellte sich nun auf das wunderbare Gewebe und sogleich erhob sich dieses mit ihm in die Luft. Es trug ihn in schnellem Flug über ganz Palästina.

Tam sah zur Erde hinab, und als er die große, alte, schöne Stadt Jerusalem erblickte, rief sie ihm zu:

»Hier ist dein Land. In meinen Mauern haben die mächtigen Könige der Juden gethront!«

Im Tal Hebron rief ihm die Höhle Machpelah laut zu:

»Hier ist dein Land. Hier sind deine Stammeltern begraben!«

Und jeder Berg, jedes Tal, der große Fluß Jordan und jeder rief etwas, denn überall hatten die Juden einmal etwas Großes vollbracht, oder es war ihnen dort etwas Wunderbares geschehen.

Dem kleinen Tam gefiel es sehr, daß ihn das ganze Land so begrüßte, dennoch war er ängstlich.

»Ich sollte doch lieber gehen«, dachte er, »vielleicht würde mir das Land besser gefallen.«

Kaum hatte er so zu sich gesprochen, da senkte sich der Teppich und trug den Knaben auf eine herrliche Wiese. Als er aber diese betrat, flog sogleich der Teppich fort und bald war er Tams Blicken entschwunden.

Die Wiese trug so hohes, schönes Gras und so herrliche Blumen, wie er noch nie gesehen hatte. Große Getreidefelder erblickte er und zum ersten Male sah er Datteln und Orangen auf einem Baum - Bienen flogen von Blume zu Blume, eine große Kuhherde kam vorbei und alles rief ihm zu:

»Hier ist dein Land. Dein Land, wo Milch und Honig fließen!«

Dies gefiel Tam noch besser als sein Flug durch die Luft, aber noch immer war er ein wenig traurig.

Da kam ein Bauer, der eine Sense trug. Zwei Jungen begleiteten ihn und alle drei sangen ein hebräisches Lied, das Tam oft mit seinem Vater gesungen hatte. Seine Augen leuchteten hell auf, denn nun wußte er: »Ich bin wirklich in unserem Land!«

Der Mann, der Jehuda hieß, begrüßte den kleinen Wanderer herzlich, und dieser blieb bei dem Bauern und seinen Söhnen, lernte und arbeitete mit ihnen und lebte mit ihnen glücklich.

Dajenu – *ein Pessachmärchen*

I. Vor vielen, vielen Jahren lebte in einem fernen Lande ein alter König, der kein guter Herrscher war und besonders die Juden hart bedrückte. Deshalb hatte mancher, der nicht genug Mut besaß, die Leiden seines Volkes zu ertragen, den Glauben des Landes angenommen. Ein solcher ehemaliger Jude, namens Dajenu, war auch erster Minister des Königs. Er war nicht der klügste Mann des Landes und hatte diese hohe Stellung dadurch erlangt, daß er dem großen Herrscher immer schmeichelte.

Als nun der alte König starb und sein guter, kluger Sohn zur Regierung gelangte, wollte dieser nur die weisesten und besten Männer zu Beratern haben.

Er ließ deshalb im ganzen Land bekanntmachen, jede Gemeinde müßte in zwei Wochen ihre gelehrtesten Männer an den Hof senden, auch alle früheren Minister sollten erscheinen. Die Klügsten von all' diesen Männern würden dann seine Minister werden.

An dem bestimmten Tag kamen die Gelehrten des ganzes Landes und alle früheren Minister in den großen Festsaal des königlichen Schlosses. Dort sahen sie den König auf seinem Throne sitzen. Links neben ihm stand ein leerer, prächtiger, goldener Stuhl, der für den ersten Minister bestimmt war. Etwas weiter entfernt von diesem, standen noch zehn einfachere goldene Stühle, auf welchen die anderen Minister sitzen sollten.

Als erstes verlangte der König, jeder möge ein Gedicht

machen. Wessen Gedicht das schönste ist, der werde Minister der Kunst.

Dajenu, der frühere Minister, dachte:

»Die dummen Gelehrten werden sich plagen, viele Weisheiten in ihr Gedicht zu schreiben. Ich aber will in dem meinen nur den König loben und ihm recht schmeicheln, dann wird ihm mein Gedicht am besten gefallen und ich werde Minister der Kunst.

»Der König ist weise, man sieht's an der Stirn:
Kein noch so großer Ochse hat so ein Gehirn.
Sein Auge ist blau, grad' so wie das Meer,
Doch ist jedes Wasser noch schmutziger als er.
Die Nase ist groß und schön wie ein Berg,
Vor fürstlichen Nasen ist jede ein Zwerg.
Bug, bug, bug,
Der König ist klug!
Bön, bön, bön,
Der König ist schön!«

Noch viele solcher Dummheiten schrieb er nieder und war sehr stolz darauf, daß sein Gedicht so schön sei. Als aber der königliche Haushofmeister diese Gedicht vorlas, lachten alle den früheren Minister aus.

II. Unter den Gelehrten befand sich auch ein Rabbiner, der alle hebräischen Bücher, die je geschrieben worden waren, gelesen hatte und deshalb sehr weise war. Auch er lobte in seinem Gedicht. Aber er pries nicht den König, sondern den Schöpfer der Welt und schrieb viele weise Gedanken über alle Einrichtungen der Welt und über das menschliche Leben in das Gedicht hinein.

jüdischer Schriftgelehrter

Als der König es verlesen hörte, rief er sogleich:

»Das ist die schönste und beste Dichtung!«

Nun durfte sich der Rabbiner auf den goldenen Sessel setzen, der am weitesten entfernt vom König stand und war der Minister der Kunst.

Jetzt wollte der König einen Minister der Schule wählen. Und weil die Juden schon vor tausenden Jahren alle Kinder unterrichteten, als es noch bei keinem anderen Volke Schulen gab, wußte der Rabbiner von allen Gelehrten am besten zu schreiben, wie man die Kinder erziehen müßte.

Nun durfte er sich auf den zweiten Sessel setzen, der dem König schon ein wenig näher stand, und war Minister der Schule. Minister der Kunst wurde aber der Gelehrte, der das zweitbeste Gedicht gemacht hatte.

Nun fragte der König, wie der Mensch gesund und sehr

alt werden könne. Und weil die Juden immer in allen Ländern zu den besten Ärzten gehörten, wußte der Rabbiner auch dies am besten. Wieder durfte er dem König um einen Sitz näher rücken und war jetzt Minister der Gesundheit.

Als der nächste Minister gewählt werden sollte, der des Ackerbaues, freuten sich viele Gelehrte, die den Rabbiner schon beneideten.

»Dieses Mal«, dachten sie, »wird er bestimmt nicht der klügste von uns allen sein, denn die Juden verstehen nicht, wie man die Erde bebaut.«

Sie hatten sich aber geirrt. Die Juden waren nämlich einstmals ein Ackerbau treibendes Volk. Damals haben sie auch Bücher darüber geschrieben, wie man die Haustiere pflegen, wann man den Acker düngen, den Samen aussäen oder die Frucht ernten soll und was man machen muß, damit die einzelnen Pflanzen besonders gedeihen. Der Rabbiner hatte auch diese Bücher gelesen und so wußte er wieder besser Bescheid, als die anderen Gelehrten und wurde Minister des Ackerbaues.

Auch in allen anderen Wissenschaften war der Rabbiner der Meister und weil er nacheinander auf allen zehn Ministerstühlen gesessen, berief ihn der König neben sich auf den besonders prächtigen Sessel. So wurde der Rabbiner der erste Minister.

Da wurde Dajenu über und über rot vor Zorn, denn er glaubte, daß nur ihm diese hohe Stelle gebühre. Er hatte doch ein so schönes, den König verherrlichendes Gedicht geschrieben. Auch meinte er, daß er früher, als er erster Minister gewesen, klug genug war, um zu regieren. In seinem Innern schwur er nur, sich an dem jungen König zu rächen, weil dieser ihn nicht wieder ernannt hatte. Auch an dem Rabbiner wollte er sich rächen, weil dieser an seiner Stelle neben dem König saß.

III. Fast ein Jahr war seitdem vergangen. Das Volk hatte den jungen König schon lieb gewonnen und war mit dessen klugen Beratern sehr zufrieden.

jüdisches Fest zum Andenken an den Auszug aus Ägypten

Eines Tages, es war Pessach, kam Dajenu zu dem guten Herrscher und sagte: »König, ich kann es nicht länger verschweigen. Ich muß Dir endlich melden, daß der Rabbiner, der erste Minister, ein Verräter ist und Dir nach dem Leben trachtet.«

Der König war sehr überrascht und konnte das Gehörte nicht glauben.

»Womit vermagst Du dies zu beweisen?« fragte er.

»König«, sagte Dajenu, »Du kannst Dich selbst davon überzeugen, wenn Du heute abends durch das Fenster in seine Wohnung spähst. Dort werden sich mehrere Juden versammeln, um über Dich Gericht zu halten. Um einen feierlich beleuchteten Tisch werden sie sitzen und der Rabbiner und einige andere Juden werden sogar Richtertalare tragen. Nicht schwarze, wie unsere Richter, sondern weiße. Weil aber ihre Verhandlungen verbrecherisch sind, werden sie alle in einer fremden, uns unverständlichen Sprache sprechen. Wirst Du, wie ich Dir rate, Deinen ersten Minister und seine Gesellschaft belauschen und alles richtig finden, was ich gesagt habe, dann kannst Du ihn ohne weiteres verhaften lassen. Ich werden hernach den weiteren Beweis erbringen, daß er Dir nach dem Leben getrachtet hat.«

Da Dajenu so bestimmt sprach, mußte der König ihm alles glauben. Um sich aber selbst zu überzeugen, beschloß er, dem Rate Dajenus zu folgen und sich abends zu des Rabbiners Fenster zu schleichen.

Doch der Prophet Elia, den man auch Eliahu nennt, weilte bereits unsichtbar auf Erden, um die Sedervorlesung vieler Frommer zu besuchen. Er hatte das Gespräch zwischen Dajenu und dem König gehört und beschloß sogleich bei sich, den unschuldigen Rabbiner zu retten. Als er abends den König vom Schlosse fortfahren sah, eilte er voraus. Er wollte aber, daß der junge Herrscher erst während eines bestimmten Teiles der Hagadah-vorlesung an das Fenster des Rabbiners komme und trat daher ein großes Loch in die Straße. Hier blieb der königliche Wagen längere Zeit stecken.

IV. Beim Rabbiner waren indessen um den hellerleuchteten Sedertisch viele Leute versammelt. Wer sonst keine Familie kannte, bei der er die Hagadahvorlesung hören konnte, war gekommen. Auch einige Leute, welche eben

biblischer Prophet. Er soll jedes Jahr zu Pessach unsichtbar auf Erden wandeln

Erzählung vom Auszug aus Ägypten

Mahlzeit am Vorabend von Pessach (Pessachmahl)

225

durch die Hauptstadt des Königs reisten, hatte der Rabbiner geladen. Er und alle andern verheirateten Männer hatten heute den feierlichen, glänzend weißen Sterbemantel angezogen. Als nun der gelehrte Hausherr die

Worte sprach, die bald nach Beginn der Vorlesung gesprochen werden: »Wer hungrig ist, komme und esse mit uns!« da war ihm, als ob wirklich jemand ins Zimmer getreten wäre. Er konnte zwar niemanden sehen, doch es war ihm viel froher und feierlicher zumute als zuvor und er sang alles so schön wie noch an keinem anderen Sederabend.

Hätten nicht alle dem schönen Vortrag des Rabbiners gelauscht, so hätten sie gehört, daß etwas abseits vom Hause ein Wagen stehen blieb und sich ein Mann leise ans Fenster heranschlich.

Eben gelangte man zu der Hagadahstelle, wo viele Wunder aufgezählt werden, welche Gott während des Auszuges aus Ägypten und während der Wüstenwanderung für uns getan hat und wo nach der Erwähnung jedes einzelnen Wunders alle Anwesenden sagen: »Dajenu«, »dies allein wäre schon genug.«

Da wurde der Rabbiner plötzlich so heiser, daß der Lauscher auf der Gasse ihn nicht hören konnte. Er sprach wohl den vorgeschriebenen Text, aber selbst die bei Tische Sitzenden konnten ihn kaum hören. Der lauschende König hörte jedoch eine Stimme, die er für die seines Ministers hielt.

»Wer ist ein Verräter? Wer trachtet dem König nach dem Leben, weil er ihn nicht zum ersten Minister ernannt hat?« fragte die Stimme.

»Dajenu«, antworteten alle im Zimmer des Rabbiners, so wie es vorgeschrieben ist.

»Wer hat in seinem Kasten einen Plan liegen, wie seine Freunde das Volk aufhetzen sollen, damit er selbst der König wird?«

»Dajenu!« antworteten wieder alle Juden im Zimmer.

Noch elf ähnlich fragende Anklagen brachte die Stimme vor, und immer antworteten die versammelten Juden: »Dajenu!«

Als der junge Herrscher all diese vernahm, wurde er zornig und wollte sich sogleich von der Wahrheit des Gehörten überzeugen.

Er fuhr schnell in sein Schloß zurück, ließ das Haus des früheren ersten Ministers durchsuchen und wirklich fand er im Kasten Dajenus den Verschwörungsplan. Da wurden Dajenu und seine Freunde verhaftet und hingerichtet. Inzwischen kam der Rabbiner nach der Festmahlzeit in seiner Vorlesung zu der Stelle, an der man die Tür öffnet, um den Propheten Eliahu zu Gast zu bitten. Kaum aber war geöffnet und jeder trank aus seinem Becher, da wurde auch der goldene Becher, der in der Mitte der Tafel für Eliahu bereitstand, bis zur Hälfte leer.

»Eliahu ist hier oder war hier!« rief der Rabbiner erfreut, als er dies bemerkte. Am nächsten Tag ließ nun der König seinen ersten Minister zu sich rufen.

»Ich danke Dir«, sagte der zu dem erstaunten Rabbiner, »daß Du mich aus einer so großen Gefahr errettet hast. Ich weiß, daß Du mit anderen Juden gestern ein Gericht über Dajenu hieltest. Dieser Verräter, der sich gewiß vor treuen Menschen gefürchtet hat, hat Euch bei mir zu verleumden gesucht und sogar gesagt, daß Du mir nach dem Leben trachtest.«

fälschlich beschuldigen

Da erkannte der Rabbiner, in welcher Gefahr er und seine jüdischen Freunde noch am vorherigen Tage geschwebt hatten. Sogleich wußte er auch, wer sie alle gerettet hatte. Doch so gelehrt er war und soviel er darüber nachdachte, konnte er sich dennoch niemals erklären, wie Eliahu dies gemacht hatte.

Früher war Dajenu erster Berater des alten Königs gewesen. Wie war er auf diesen hohen Posten gelangt?

Der Rabbiner wurde Dajenus Nachfolger. Warum wählte der junge König gerade ihn?

Versuche aus der Geschichte herauszulesen, wie Dajenus Leben verlaufen ist. Was denkst du über seinen Lebensweg?

Das Vogelnest   *von Martin Buber*

Einst stand im Bethaus der Baal'schem *sehr lang im Gebet.*

berühmter Rabbiner aus dem 18. Jahrhundert

Die Seinen alle hatten schon das Beten beendet, er aber verharrte noch darin, ohne ihrer zu achten. Sie warteten eine gute Weile auf ihn, dann gingen sie heim. Als sie nach Stunden ihre mannigfachen Geschäfte besorgt hatten und wieder ins Bethaus kamen, stand er noch im Gebet. Hernach sagte er zu ihnen: »Daß ihr fortgegangen seid und mich alleine gelassen habt, dadurch habt ihr mir eine schlimme Trennung zugefügt. Ich will es euch im Gleichnis sagen. Ihr kennt die Zugvögel, die im Herbst nach den warmen Ländern fliegen. Nun wohl, die Bewohner solch eines Landes sahen einst in der Schar der Gäste in der Luft einen herrlich bunten Vogel, dessengleichen an Schönheit nie dem Menschenauge erschienen war. Der Vogel ließ sich im Wipfel des höchsten Baumes nieder und nistete darin. Als der König des Landes davon erfuhr, befahl er, den Vogel im Nest herunterzuholen und hieß mehrere Männer sich am Baum als Leiter aufstellen, so daß immer einer auf die Schultern des anderen trat, bis der zuoberst Stehende hoch genug langen konnte, um das Nest zu nehmen. Es dauerte lang, die lebende Leiter zu bilden. Die Untersten verloren die Geduld und schüttelten sich, und alles stürzte zusammen.«

In einem Gleichnis wird die Bedeutung einer Geschichte durch eine zweite Geschichte deutlich gemacht.
Erzähle beide Geschichten kurz nach.
Suche die Gemeinsamkeit in beiden Geschichten.

Glossar

Aßife jiddisches Wort für Sitzung

Baal Schem Tov Berühmter chassidischer Rabbiner im 18. Jahrhundert

Bar Mizwah mit 13 Jahren wird ein jüdischer Junge Bar Mizwah. Das bedeutet, daß er im religiösen Sinn erwachsen wird, bei allen rituellen Handlungen in der Synagoge oder zu Hause die Rechte und Pflichten eines Mannes wahrnimmt. Zu seinem 13. Geburtstag wird er das erste Mal während des Gottesdienstes aufgerufen, aus der Torah (den fünf Büchern Moses) zu lesen. Hierauf bereitet er sich meistens ein ganzes Jahr vor. Aus diesem Anlaß wird ein besonderes Fest gefeiert.

Brachah Segensspruch, Gebet

Chanukkah achttägiges Lichterfest zur Erinnerung an die Rückeroberung des Tempels in Jerusalem durch die Makkabäer vor etwas mehr als 2 100 Jahren. Der Tempel war durch die griechischen Herrscher entweiht worden. Das Fest findet im Dezember statt. Am ersten Abend wird eine Kerze angezündet und dann jeden Abend eine mehr, bis am achten Tag dann alle Kerzen des Chanukkah-Leuchters entzündet sind.

Chanukkiah achtarmiger Leuchter, der an —> Chanukkah verwendet wird.

Chelmer Bewohner der polnischen Stadt Chelm, denen Narrenstreiche nachgesagt werden. Vergleichbar mit den Schildbürgern. Die Streiche der Chelmer sind jedoch auf das Leben im —> Schtetl ausgerichtet.

Chuppah Baldachin, unter dem Braut und Bräuitigam bei einer jüdischen Hochzeit getraut werden.

Dankopfer Opfer zum Zeichen der Gemeinschaft mit Gott und seiner Huldigung. Nach der Zerstörung des 2. Tempels im Jahr 70 n.Z. hatte dies keine Bedeutung mehr.

Dreidelspiel Spiel an Chanukkah mit einem Kreisel, auch Trendel genannt. Das Spiel ist im —> Kapitel Jahreskreis genau erklärt.

Elijahu	biblischer Prophet, zukünftiger Künder der Ankunft des Messias. Wandelt bis dahin als Wohltäter unter den Menschen.
Erstlingsfrüchte	das Gebot der Erstlingsfrüchte wird ausführlich im 5. Buch Mose, 26 erklärt. Da der Tempel aber nicht mehr steht, wird dieses Gebot nicht mehr befolgt. Als Erinnerung daran ist es heute noch üblich, die Früchte eines Baumes erst ab dem vierten Jahr zu ernten.
Hamantaschen	ein traditionelles Gebäck, das an —> Purim gegessen wird.
Jiddisch	Sprache der Juden in Osteuropa. Sie besteht zum größten Teil aus deutschen Elementen, ferner aus hebräischen und slawischen Wörtern. Jiddisch wird in hebräischen Buchstaben geschrieben.
Jom Kippur	Versöhnungstag, höchster jüdischer Feiertag, letzter der 10 Bußtage zu Beginn des jüdischen Kalenderjahres. Es ist der Tag der Besinnung und Abrechnung, an dem die Menschen Rechenschaft vor sich und Gott über das vergangene Jahr ablegen, um Vergebung bitten und sich mit ihren Mitmenschen versöhnen sollen. An Jom Kippur wird gefastet.
Kibbutz	eine kollektive oder gemeinschaftliche Siedlung in Israel. Die Menschen, die in einem Kibbutz leben, haben beschlossen alles zu teilen. Sie arbeiten zusammen, essen zusammen und verbringen auch meist ihre Freizeit gemeinsam. Die Erziehung der Kinder wird von dem Kibbutz übernommen. Die Menschen brauchen eigentlich kein Geld, da alles, was sie benötigen, von dem Kibbutz gestellt wird - von den Möbeln bis zu Reisen.
Kiddusch	Segensspruch über Wein und Brot am Freitagabend oder am Vorabend eines Festes.
koscher	bezeichnet die nach den religiösen Speise- und Reinheitsvorschriften zugelassenen Speisen. Es wird zwischen rein (= koscher) und unrein (= trefe) unter-

schieden. Unreine Tiere wie z.B. Schwein dürfen nicht gegessen werden. Reine Tiere müssen rituell geschlachtet werden.

Laubhütte —> Sukkot

Machpelah Erbbegräbnis der Urväter Abraham, Isaak und Jakob sowie ihrer Frauen Sarah, Rebekka und Lea in der Nähe von Hebron.

Mazzah, Mazzot, Mazzen ungesäuertes Brot, das an —> Pessach gegessen wird.

Megillah Pergamentrolle für die 5 biblischen Bücher: Ruth, Hoheslied, Klagelied, Prediger und Esther.

Messias Der Messias ist der gesalbte König Israels, der die Welt erlösen wird. Für die Juden ist der Messias noch nicht gekommen.

Omerzeit die Zeit vom zweiten —> Pessachtag bis zum Beginn von —> Schawuot beträgt 49 Tage und wird Omerzeit genannt. Es ist die Zeit nach der Frühjahrsaussaat, in der täglich um Regen und eine gute Ernte gebetet wird.

Pessach eines der drei —> Wallfahrtsfeste. Es wird eine Woche lang im Frühjahr gefeiert und erinnert an den Auszug der Juden aus Ägypten vor ca. 3 500 Jahren. Während der ganzen Woche wird nichts Gesäuertes, vor allem kein gesäuertes Brot gegessen. Anstelle dessen ißt man —> Mazze.

Pogrom Hetze, Ausschreitungen. Früher wurden Juden verfolgt, vertrieben und ermordet. Das nennt man Pogrom.

Purim ein Fest im Frühjahr, an dem sich vor allem die Kinder verkleiden. Es erinnert an die Geschichte der Königin Esther, die Frau des persischen Königs Ahaschwerosch, die durch ihr mutiges Handeln die Juden des persischen Reiches vor der Ermordung durch die Anhänger Hammans, des obersten Ministers von Persien, errettete. Purim bedeutet Lose. Hamman hatte mit Hilfe des Ziehens von Losen den Tag der

	Ermordung der Juden bestimmt.
Rabbiner	Geistiger Führer einer Gemeinde mit den Aufgaben eines Lehrers, Richters und Predigers.
Rosch Haschanah	Jüdisches Neujahrsfest, findet im September / Oktober statt.
Schabbat	Ruhetag, der 7. Tag der Woche. Er beginnt am Freitagabend mit Sonnenuntergang und endet am Samstagabend.
Schächter	Hebräisch Schochet, ein besonders ausgebildeter Mann, der Tiere »schächtet«, d.h. schlachtet. Er schneidet mit einem haarscharfen Messer die Blutgefäße am Hals des Schlachtviehs blitzschnell durch, damit das Tier so wenig wie möglich leidet. In der jüdischen Gemeinde hat der Schächter eine ganz besondere Stellung. Er muß eine Prüfung ablegen, in der er beweist, daß er sein Handwerk beherrscht. Siehe auch —> koscher.
Schalom	hebräisches Wort für Frieden. Wird als Begrüßungs- und Abschiedsgruß benutzt.
Schawuot	Wochenfest, Ernte und —> Wallfahrtsfest, 50 Tage nach Pessach.
Schläfenlocken	auch pejes (jiddisch) genannt. Entsprechend dem biblischen Verbot, sich den Kopf kreisrund zu scheren, lassen sehr fromme Juden eine gewisse Haarmenge an den Schläfen länger wachsen.
Schtetl	Bezeichnung für ein jüdisches Dorf in Osteuropa.
Seder	rituelle Mahlzeit am Vorabend von —> Pessach. An diesem Abend wird aus der Hagadah, der Geschichte über den Auszug aus Ägypten, gelesen. Zur Erinnerung daran werden ganz bestimmte Speisen gegessen.
Sederteller	Platte, auf der die für den Seder wichtigen symbolischen Speisen in fester Reihenfolge angerichtet sind.
Sederschüssel	ist ein biblisches Erntedankfest und Wallfahrtsfest.
Sukkot	Es erinnert an die Zeit, als die Juden noch Nomaden

waren und in der Wüste lebten. Daran erinnert besonders die Laubhütte, hebräisch Sukkah. Sukkot dauert acht Tage. In dieser Zeit essen und schlafen viele Juden in der selbstgebauten Sukkah.

Talles, Tallit Gebetsmantel oder Schal; viereckiges Tuch aus Wolle oder Seide, weiß mit blauen oder schwarzen Streifen und langen Fäden an den Ecken, das beim Beten angelegt wird.

Tempel gemeint ist hier die Synagoge, das jüdische Bethaus.

trefe unrein, siehe —> koscher.

Tu B'Schwat in Israel wird dieser Tag als Geburtstagsfest der Bäume begangen, an dem man neue Bäume pflanzt. Es entstand aus dem biblischen Pflanzgebot und dient heute dazu, das Land wieder neu aufzuforsten.

Wallfahrtsfeste es sind die drei Feste: —> Pessach, —> Schawuot und —> Sukkot. Zur Zeit des 1. und 2. Tempels wurden diese Feste von ganz Israel in Jerusalem begangen.

Zedakah ein Gebot, armen Leuten zu helfen, ohne sie zu beschämen. Die beste Hilfe ist die Hilfe zur Selbsthilfe.

Zionismus in der 2. Hälfte des 19. Jahrhunderts begründete Idee von der Errichtung eines jüdischen Staates in Palästina. Am 15. Mai 1948 wurde dann der Staat Israel gegründet.

Quellenverzeichnis

Siegfried Abeles Der Blumenschmuck, in: Das lustige Buch fürs jüdi-
sche Kind, Jakob B. Brandeis Verlag, Breslau 1926,
S. 34-35
Pipsi, in: ebenda, S. 73-75
Die Laubhütte der Gefangenen, in: Tams Reise
durch die jüdische Märchenwelt, Jakob B. Brandeis
Verlag, Breslau 1922, S. 72-74
Tams Reise durch die jüdische Märchenwelt, Jacob
B. Brandeis-Verlag, Breslau 1922, S. 5-10
Dajenu. Ein Pessachmärchen, in: ebenda, S. 87-91

Ruth Almog Die Silberkugel. Verlag St. Gabriel, Mödling 1993,
S. 46-51

Inge Auerbach Ich bin ein Stern. Belz und Gelberg Verlag,
Weinheim und Basel 1990, S. 7

Ch. N.Bialik König Salomo und der fliegende Mantel, in: Jüdisches Jugendbuch, Jüdischer Verlag Berlin 1934,
S. 39-41

Martin Buber Das Vogelnest, in: Die Erzählungen der Chassidim,
Manesse Verlag, Zürich, 1949, S. 136

Bella Chagall Schabbat in einer polnischen Familie, in: Brennende
Lichter, Rowohlt Taschenbuch Verlag, Reinbek bei
Hamburg 1969 S. 34ff

Esther Helfrich Der kleine Obstbaum in der Wüste, in: »Ich bin, was
ich bin, ein Jude. Jüdische Kinder in Deutschland
erzählen« hrsg. v. A. Brum, R. Heuberger, M. Levy,
N. Staszewski u. D. Volkersen, © 1995 by
Kiepenheuer & Witsch, Köln, S. 30-31

Rivka Keren Mein Auszug aus Ägypten, in: Kati (Hebräisch), Am
Oved Ltd. Publishers, Tel Aviv/ Israel 1990, S. 29-
30. Deutsche Übersetzung von Miriam Pressler

Imbal Klein Ich komme aus Jerusalem, in: »Ich bin, was ich bin,
ein Jude, a.a.O. S. 60

Sandra Levi Mandy's Story, in: ebenda, S. 42-45

Susie Morgenstern	Hallo Sarah! Hier spricht Salah! Arena-Verlag (Benzinger Edition), Würzburg 1987, S. 8-13, 18-22
Uri Orlev	Das Tier in der Nacht. Elefanten Press, Berlin 1993, S. 7-8, 23-25, 43-49, 72-75
Henning Pawel	Joschkas Hund. Der Kinderbuchverlag, Berlin 1991, S. 32-41
Mirjam Pressler	Die Weisen von Chelm, Verlag Roman Kovar, Eichenau, 1997
Yael Rosman	Tali Trödel und die kleine Hexe. Elefanten Press, Berlin 1994, S. 7-11, 15, 19-22
Lena Ryvkina	Ankunft in Frankfurt, in: »Ich bin, was ich bin, ein Jude. a.a.O., S. 69-70
Peter Sichrowski	Mein Freund David. Verlag Nagel & Kimche, Zürich/ Frauenfeld 1990, S. 36-37, 40-45
Isaak B. Singer	Zlateh, die Geiß und andere Geschichten. dtv, München 1978, S. 81-94
Isaak B. Singer	Noahs Taube, in: Noahs Taube, Gerstenberg Verlag Hildesheim, 1985.
Jona Trepper	David-halb-und-halb. Alibaba Verlag, Frankfurt/M. 1993, S. 5-7
Roswitha von Benda	Mein Jerusalem - Dein El Kuds. Herder Verlag, Freiburg 1989, S. 8-9, 17-18
Scheindel Zwanzig	Mazzen fallen nicht vom Himmel, in: »Ich bin, was ich bin, ein Jude. Jüdische Kinder in Deutschland erzählen«, a.a.O., S. 24-26

Bildnachweis:

Schuk-Händler in der Altstadt von Jerusalem, entnommen aus: Jerusalem-Kit, Pädagogisches Zentrum der ZWST, 1993

Mädchenheim des Jüdischen Frauenbundes, entnommen aus: Bertha Pappenheim u.a. »Das unsichtbare Isenburg«. Über das Heim des Jüdischen Frauenbundes in Neu-Isenburg 1907 bis 1942, hrsg. von Helga Heubach, Neu-Isenburg, 1994

Juden beten in der Synagoge am Jom Kippur. Von Maurycy Gottlieb, © Sammlung Tel Aviv Museum of Art

Fotos zum Schulprojekt „Arche Noah" der I.E.Lichtigfeld-Schule von Brigitte Steinmetz

Kindermasken mit freundlicher Genehmigung des FALKEN-Verlages

Isaac B. Singer, © Nancy Crampton c/o Farrar, Straus and Giroux, Inc. USA

Foto von Chaim Nachman Bialik mit freundlicher Genehmigung des Jüdischen Verlages im Suhrkamp Verlag

Uri Orlev, © copy right: Mirjam Morad

Mirjam Pressler © Verlag Roman Kovar

Rifka Keren, © Rifka Keren

Ich bin, was ich bin, ein Jude
Jüdische Kinder in Deutschland erzählen,
herausgegeben von A. Brum, R. Heuberger,
M. Levy, N. Staszewski und D. Volkersen,
Verlag Kiepenheuer & Witsch, 1995, Nr. 376
ISBN 3-462-02430-2

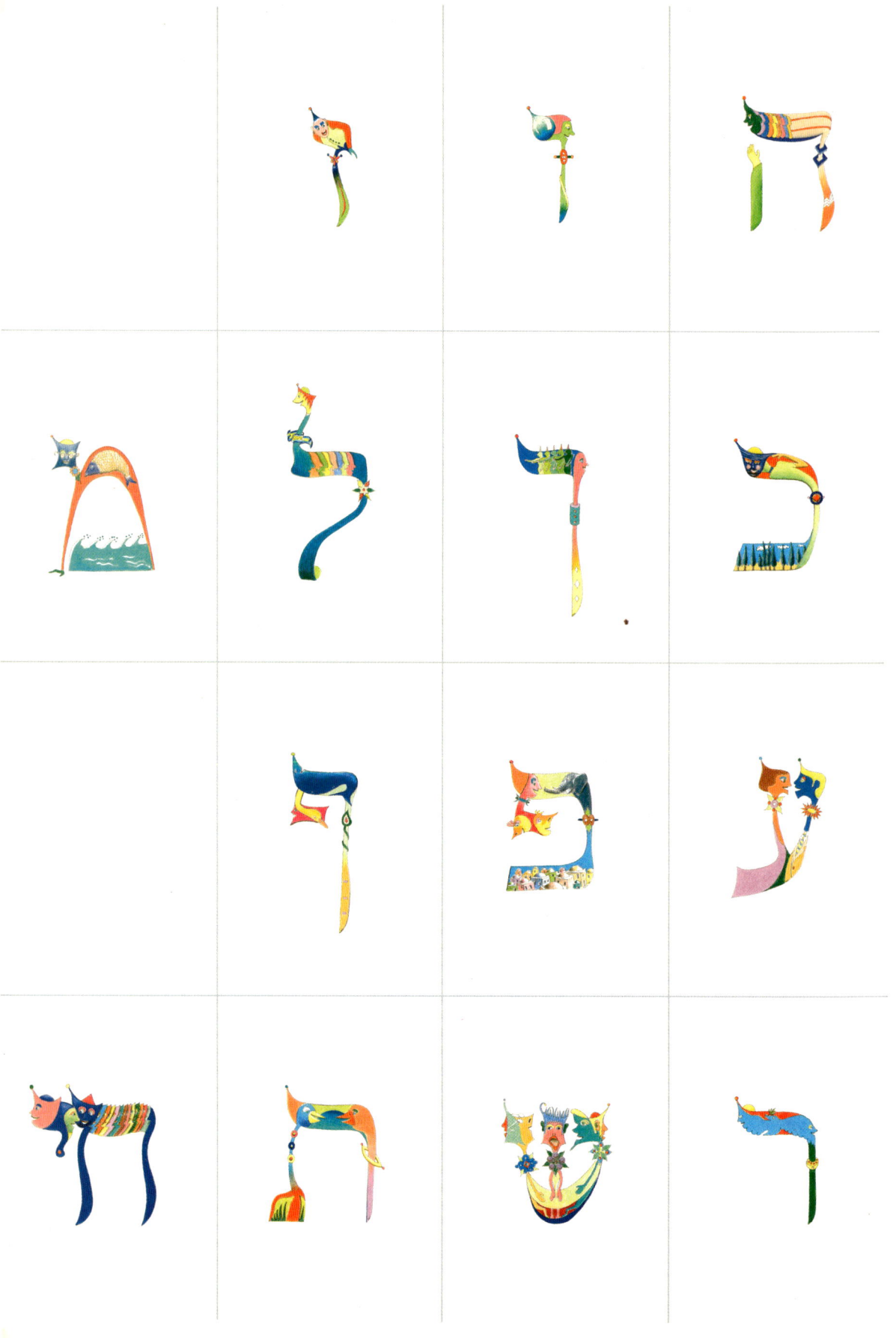